바람이 그린 보물 지도

조경숙 두 번째 수필집

바람이 그린 보물 지도

펴낸날 ｜ 2025년 11월 13일

지은이 ｜ 조경숙
펴낸이 ｜ 이용철

펴낸곳 ｜ 도서출판 이로제
(48211) 부산광역시 수영구 연수로315번길 16
107동 1002호
010-5520-2207, tigon082@daum.net

찍은곳 ｜ 세종문화사
(48964) 부산광역시 중구 흑교로 71번길 12
051-253-2213~5, sjpl5898@daum.net

ISBN   979-11-991914-6-4

정가 15,000 원

 부산광역시 부산문화재단 BUSAN CULTURAL FOUNDATION

본 도서는 2025년 부산광역시, 부산문화재단 (부산문화예술지원사업)으로 지원을 받았습니다.

※ 본지는 한국간행물윤리위원회의 윤리강령 실천 요강을 준수합니다.

바람이 그린 보물 지도

조경숙 두 번째 수필집

이 로 제
EROJE BOOKS

내 삶을 도굴하다

바람은 길을 지우고 바람으로 길은 되살아난다.

내일은 어제가 낳은 열매
나는 오늘도 어제와 어제의 어제로 나아간다.

시간은 기억으로 되살아나는 생명체
그 길에서 마주한 우리, 내일을 이야기할 것이다.

빛바랜 날들, 비록 흙먼지와 깨진 질그릇뿐일지라도
나는 바람이 그린 보물 지도를 따라
내 삶의 도굴을 멈추지 않을 것이다.

우리의 시간은 너와 나의 기억 속에서 숨쉬며 고동친다.

2025년 11월

조경숙

책을 열며 · 5

Ⅰ — 벽을 허물다

II — 빈방

Ⅲ — 꿈꾸는 파랑새

Ⅳ — 굴비

I ──────────────── 벽을
허물다

벽을 허물다

　'철거덕' 녹슨 철문이 열린다. 문이 열리면서 갇혔던 공기가 와락 덮쳐와 가뜩이나 졸인 가슴을 옥죄어든다. 벽마다 문이 있지만 문은 분리와 차단의 바리케이드일 뿐이다.

　해가 없는 곳. 바깥은 중천의 낮인데 안은 한밤처럼 컴컴하고 어두웠다. 빛은 잠시 들어왔다 제 자리가 아니라는 듯 구석으로 비켜서 있었다. 방은 벽이 빚어낸 공간처럼 벽과 벽으로 둘러싸였다. 온기 없는 바닥과 벽엔 음습함이 음지의 버섯처럼 흥건하게 서렸다. 발을 내린 햇살은 그늘의 눅눅함과 축축함을 노골적으로 드러내었다. 어둠이 낮처럼 익숙한 이곳은 외부인의 출입을 허용하지 않는 특별 통제구역이다. 죄수들을 분리 수용하여 갱생의 길로 교화한다는 일명 '교도소'이다. 우리는 제한된 시간 내

출입을 허락한다는 특별 방문증을 받아 들고서야 '외부인 출입 금지구역' 중에서도 출입이 허용되는 곳까지 발을 들여놓을 수 있었다.

문이 없는 곳. 벽마다 문이 있으나 문은 없는 것이나 마찬가지다. 문은 일방적 출입만 허용될 뿐 늘 굳게 잠겨 있으니까. 이곳에서 문은 열기 위한 것이 아니라 닫고 걸고 잠그고 채우고 가두기 위한 것인 것 같다. 출입구는 출입의 자유를 통제하고 소통을 가로막는 벽이자 담이다. 담 안에서의 생활은 유출되지 않는다. 침묵만이 무겁다. 혹독한 규율과 원칙이 그 안의 삶을 엄히 다스리고 지배한다. 담 안의 사람들은 담 너머의 햇살과 공기와 사람이 그립다. 때로 자유를 향해 비상하는 꿈도 꾸어 보지만 자유가 구속보다 더 두렵고 아찔하게 느껴지기도 한다. 담의 이쪽과 저쪽 사이 건널 수 없는 강이 소용돌이치고 있다.

또 다른 생애를 꿈꾸다. 나는 그곳이야말로 오아시스 없는 사막과 같이 삭막할 거라 지레짐작하였다. 하지만 그러한 예측이 명확한 오판이었음을 알기까지 많은 시간이 필요치 않았다. 내부에 발을 들이는 순간 온몸으로 체감하게 되었으니까. 사무실엔 수용자들이 공들여 제작한 각종 수공예품과 그림들이 전시되어 있었다. 얼핏 보아도 범상치 않은 솜씨였다. 그중에서 그림과 공예에 유독 빼어난 재능과 솜씨를 지닌 재소자의 죄명은 놀랍게도 특수 살인이었다. 평소 조용하고 유순하던 사람이 욱하는 감정으로 평생 후회할 죄를 짓고 말았다고 안내하던 교도관이 귀띔해 주었다. 흉악한 범죄자의 작품이라기엔 기법이 섬세할 뿐 아니라 내적 기품마저 돋보이는 목공예작품이었다. 아마도 그는 다듬어지지 않은 마음을 살갗이 벗겨지고 피가 나도록 문지르듯 나무의 거칠고 울퉁불퉁한 표피를 치고 깎고 벗기고 거친 사포로 속결이 드러나도록 무진 갈고닦았을 것이다. 미끈하게 다듬어진 원목에 겹겹이 칠을 입히고 광을 내어 울퉁불퉁 모나고 흠집뿐인 나무토막에 새로운 생명을 불어넣었다. 그렇게 완성된 작품을 그가 꿈꾸던 세상 속으로 내보내었다. 장기수인 그는 지금도 여전히 벽 아래 웅크린 채 돌보지 못한 모서리를 아프도록 갈고닦고 있을 것이다.

돌보지 않은 상처. 돌보지 않는 상처는 안으로 곪아가는 법, 닫힌 문 안의 그들이야말로 우리의 가리고 싶은 상처가 아닐지. 감지하지 못한 내출혈이 생명을 위협하듯 설마 하던 상처가 세균의 증식으로 극한의 위기를 초래하기도 한다. 덧난 화농균이 세포로 파고들어 혈액의 염증까지 유발하기도 하니까. 담 안의 그들은 우리가 들추기 거북하여 외면하고 숨기는 아픔이 아닌가. 가리고 묻고 덮기보다 환부를 드러내어 자르고 소독하고 올바른 처방에

투약을 하여 분홍 새 살이 돋을 때까지 살펴야 할 종기나 상처가 아닐는지. 가린다 하여 곪은 상처가 치유될 것은 아니기 때문이다. 저항과 분노와 불안의 불씨는 억누를수록 거역할 수 없는 반동의 힘으로 솟구치게 될지도 모른다. 외부의 비난과 냉대가 폭풍 화력이 되어 매캐한 연기를 불같이 피울지도 모를 일이다.

 벽. 언젠가 수용자들을 태운 경찰버스가 도로 한복판에 멈춰 서 있었다. 신호대기 중이었다. 창살 안과 밖의 시선이 교차하였다. 봉쇄된 창으로 밖을 내다보던 매서운 눈초리와 마주쳤다. 알 수 없는 공포로 등골이 오싹하였다. 길을 가던 사람 중 일부는 자리를 피하고 일부는 철창 우리에 갇힌 희귀한 동물을 구경하듯 넘보기도 하였다. 그 눈빛이 두려워 나 또한 도망치듯 자리를 벗어났다. 쳐다보기만 하여도 고약한 역병이 전염될 것 같아 멀리하고 싶었다. 그날 눈앞의 냉혹한 현실에 그들은 넘지 못할 거대한 벽을 재삼 확인하였으리라.

 벽을 허물다. 언젠가 철문은 열릴 것이고 갇힌 세월만큼 억압된 분노와 울분이 화산처럼 표층을 뚫고 폭발할지 누가 알랴. 내일을 염려하는 자들에게 내일의 길을 열어주어 축 처진 그네의 어깨를 일으켜 봄이 어떠한가. 용서를 구하며 갱생의 길을 가는 걸음에 박수 쳐 주는 건 어떠할지. 꽃을 보아도 향기를 모르는 자들에게 향기가 되고, 꿈을 잃은 자에게 봄의 씨앗을 뿌려 그 꽃이 피어날 때까지 물을 붓고 흙을 돋워보면 어떠리. 세상은 함께 만들어가는 것이라는 걸 알려줄 사람은 문밖의 우리가 아닐는지. 벽을 허물어뜨릴 사람은 벽을 쌓은 우리일 것이므로.

열린 문. 노숙인들의 겨울은 눈물도 마를 만큼 버석거린다. 바닥의 냉기보다 골수에 찬 외로움이 시린 겨울이다. 몸과 마음의 허기로 잠을 설친 삶의 방랑자들이 새벽길을 허우적거린다. 주린 그들이 칼날 같은 바람을 맞으며 길을 나서는 이유가 있다. 그곳엔 따끈한 고봉밥이 있고 무엇보다 가슴을 데우는 온정의 훈기가 있기 때문이다. 이윽고 불이 켜진다. 따스한 불빛이 차디찬 세상의 벽을 허문다. 캄캄한 길에 환한 빛과 같은 사람들로 아침이 밝아 온다. 굽은 등은 오늘도 하루 어치의 위로를 받아 든다. 나아가는 발걸음에서 좀 전과 다른 힘이 느껴진다.

이탈리아 이론과학자 카를로 로벨리의 양자론에 의한 「관계론적 해석」을 들추지 않더라도 모든 사람은 과거와 미래라는 시간에 의해, 또한 분리할 수 없는 무수한 것들로 연결되어 있다. 전 인류는 광대한 네트워크를 형성한다. 따로 있다 하여도 따로 할 수 없는 것으로 함께하는 우리가 아닌가. 하여 너의 아픔이 너만의 아픔이 아닐 것이다. 어쩌면 지금까지 우리를 공고히 한다 믿었던 수많은 이름의 인연과 그물망처럼 촘촘한 관계의 고리가 드넓은 세상을 편 가르고 이리저리 둘러치는 장애물이자 뚫리지 않는 철벽일지도 모른다. 더군다나 SNS의 확산은 집단의 결집과 따돌림을 더욱 부채질하고 있는 것 같다. 우리라는 이름이 우리를 가로막는 울(鬱)이 되어선 안될 것이라. 내 안에 벽은 얼마나 될까. 잠긴 채 요지부동 열릴 줄 모르는 문은 몇 개인가. 굳게 닫힌 문은 벽과 다르지 않을 터이다. 아직도 닫힌 문 안에서 눈을 닫아야 할 이유와 구실을 찾으려 하는 나를 만난다. 걸쇠를 거두고 내 앞에 완강한 문을 열기로 한다.

벽을 허무는 열쇠는 우리에게 있다. 따스한 밥 한 그릇이 열쇠요, 온정 어린 눈길과 미소가 녹슨 고리를 푸는 열쇠가 되기도 할 테다. 있는 힘껏 문을 밀어 본다. 내가 지은 경계를 내 손으로 무너뜨린다. 문을 열자 상쾌한 바람이 밀려온다. 음지의 살결이 빛을 받아 눈부시다. 혈색이 완연해진다. 벽은 문과 창이란 심장을 통해 힘차게 맥박 치며 호흡한다.

열린 문으로 안과 밖이 손을 잡는다. 여문 하나가 된다.

옹기

　낡은 옹기는 우리 집 보물 일호다. 하루가 멀다 하고 씻고 닦고 어루만지며 자식 돌보듯 애지중지 보살피니 아무도 그를 함부로 하지 못한다. 엄마의 각별한 비호와 사랑을 받는 보물단지는 오늘도 앞 베란다 양지바른 자리에 앉아 나른한 해바라기를 즐긴다.

　반백을 훌쩍 넘긴 옹기는 우리 가족과 오랫동안 생사고락을 같이 하였다. 집안에서도 양지의 명당자리를 독차지한다. 이사할 때도 미세한 흠집을 우려해 특대우로 모시는 것을 잊지 않는다. 이삿짐 차에 가장 먼저 자리를 잡는 것은 당연지사, 행여 부딪혀 실금이라도 날까 사방으로 안전 보호막을 두르고도 노심초사다. 하나 세월의 흐름을 그 누군들 피할 수 있으리. 엊그제 시집온 새

색시처럼 곱디곱고 팽팽하던 몸매도 처음의 윤기와 탄력을 잃었다. 잔주름 같은 실금에 빛바랜 혈색과 닳고 해지고 이마저 숭숭 빠져 제 몸 하나 건사하지 못할 처지가 되었으니. 긴 세월에 어쩔 수 없는 노약자 신세다.

비대한 몸집도 그러려니와 감당치 못할 무게를 문제 삼아 어머니에게 이쯤에서 옹기와의 이별을 종용하였다. 수명이 다한 것 같으니 이만 폐기 처분하고 인테리어를 겸할 예쁜 유리병으로 대신하자 하여도 소귀에 경 읽기식이었다. 딸들은 반짝이는 크리스털 병으로 어머니의 마음을 빼앗으려 하였으나 마음은커녕 눈길 한번 주지 않았다. 하기야 무엇으로 오십여 년 묵은 정을 대신할 수 있으리. 고된 시간을 나누었고 세월과 함께 동고동락하던 가족과 같은 지기를 놓치고 싶지 않았을 테다. 어쩌다 말을 꺼내기라도 할라치면 마치 당신이 늙어 힘도 능력도 없어 아무짝에도 쓸모없다고 자식들에게 업신여김 당하고 버림받은 양 버럭 화를 돋우셨다. 생각해 보면 긴 세월 한결같이 온 가족의 건강을 보존하여 주던 뚝심의 옹기가 아니었나. 낡고 허접하고 쓸모없는 골동품이라 치부하기보다 가족과 진배없는 피붙이로 여겨야 마땅할 것이다.

한 지붕 식구. 한 지붕 아래 다섯 가구가 옹기종기 모여 살던 때였다. 집안의 곳간과 장독대의 총지휘관이 행주치마를 두른 안주인이듯, 다수의 식솔을 거느린 장독대는 고래등 같은 기와집의 사실상 실세였다. 마당 한가운데 자리한 장독대는 갖은 크기와 모양의 항아리들이 종대와 횡대로 줄지어 서서 절도 있는 자세로 안방 주인을 향하여 거수하고 열병하는 군인의 모습이었다. 장관이었다. 잘 손질되어 윤기가 반지르르한 항아리는 외간 사람들에게 안주인의 야문 솜씨를 넌지시 자랑하고 있었다. 바람 부는 날이면 크고 작은 옹기들의 재잘거림과 햇살의 속삭임이 항아리 사이로 들려오는 듯하였다. 해가 짱짱해지면 한동안의 소홀함을 보상이라도 하는 양, 아녀자들은 항아리를 닦고 매만지느라 여념이 없었다. 그런 날이면 묵은 독도 모자를 훌렁 벗어젖히고 시원한 바람을 쐰다. 해와 바람을 마음껏 들이마신다.

날마다 장독대를 들락여도 어느 옹기가 우리 것인지 도무지 알 길 없는 아이들의 잔꾀에 앞줄 항아리가 먼저 바닥을 드러낸다. 맨 앞줄 목 짧은 항아리엔 고추장이, 뒷줄 부른 배를 내미는 입 큰 항아리엔 된장과 간장이 있다는 것쯤은 감으로도 어림잡을 수 있을 터이다. 하지만 항아리의 번지수를 알 길 없는 아이들은 손에 잡히는 대로 된장이든 고추장이든 막 퍼내었다. 아이들에겐 네 것 내 것이 따로 없었다. 장독대는 그저 동네 조무래기들의 놀이터일 뿐이었니. 오밀조밀한 장독대만큼 숨바꼭질하기 좋은 곳도 없었다. 그러다 넘어져 소래기라도 깨뜨리는 날이면 눈물 날 만큼 혼구멍이 나기도 하지만 해거름 질 때면 누가 부르기라도 하듯 제 키만 한 그림자를 지고 달빛 고인 장독대로 슬금슬금 모여들었다.

입버릇처럼 '바쁘다'를 외고 사는 시대다. 바쁘지 않으면 실패하고 뒤떨어진 느낌마저 든다. 폭풍 질주하여도 밀려오는 불안감을 떨칠 수 없다. 시간의 속도는 예나 지금이나 다르지 않을 것인데, 사람들은 앞서가는 시간의 뒤꽁무니를 쫓기에 바쁘다. 좀 더 많은 시간과 여유를 제공한다는 첨단 기기는 도리어 시간을 날로 집어삼키며 불안감을 증폭시키는 기물이 되었다. 사람들은 더 바빠졌고 시간의 바퀴는 과속에 가속까지 더하여 몰아친다. 모두가 동동거린다. 이러다 영화 <인 타임>에서와 같이 돈으로 부족한 시간을 사야 할 시대가 도래할지도 모르겠다. 그러한 중에도 변함없이 멈춘 듯 흐르는 장독대의 시간이다.

독 안의 시간은 달라지지 않았다. 그만의 속도로 흐른다. 서두르지 않는다. 자연의 숙성과 발효의 과정은 해와 달의 순환과 같이 순간과 찰나에 이루어지지 않으니까. 독 안에서의 시간은 자연의 흐름을 따른다. 하여 인공지능으로 설계된 김치냉장고 김치에서 맛볼 수 없는 진미가 항아리 김치에게 있는 것이다. 사람과 자연이 빚어낸 장맛은 최첨단 기기가 흉내 낼 수 없는 맛이 깃들어 있다. 장과 김치는 항아리의 숨결과 무수한 손길과 눈길과 무엇보다 시간이란 보이지 않는 질료로 속 깊이 익어간다. 바람 소리와 햇살의 손길과 달빛의 고요와 안주인의 걸음 소리와 얼큰하게 취한 노인의 흥얼거리는 노랫소리에 장맛은 깊이깊이 숙성되어 가고 있다.

추억이 쌓이는 장독대. 독에 소복한 눈처럼 장독대에는 세월만큼 쌓인 이야기가 있다. 긴 겨울밤, 대청마루에서 묵은지에 찐 고구마와 살얼음 동동 동치미를 나누었던 추억이 있다. 장독대엔 어머니의 고달프고도 행복한 청춘 시절이 담겨 있다. 새벽일 나가는 남편을 위해 된장을 퍼오던 볼 붉은 새댁시절이 있고, 아이들 몰래 숨겨둔 제수용 과일과 건어물이 있고, 동네방네 한 바가지씩 퍼 나를 해묵은 된장과 간장이 있고, 공을 들이던 정화수의 기도가 있다.

하나둘 빠져나간 빈자리를 지키는 옹기들이다. 남아있는 옹기는 어머니의 몇 안 되는 식구들이다. 듬성듬성 이 빠지고 투박한 들 어떠리. 함께 늙어갈 수 있는 친구가 곁에 있다는 것만으로 어머니의 마음은 넉넉해지는 걸. 간밤의 안부가 궁금한 노모는 식전부터 베란다로 나가신다. 창을 열어 해를 들인다. '내년 봄이면

큰 항아리 배가 부르도록 장을 담아서 두루두루 나누어야지.' 곳
간 열쇠를 쥔 장인의 손에 힘이 들어간다.

　정남향 집에서도 볕살 좋은 명당자리엔 반백 넘도록 건강지킴
이를 자처하는 지엄하신 어른이 좌정해 계신다. 아마도 어머니
손맛의 비법은 장독이 아닌가 싶다. 그 비밀은 독만이 알고 있을
테다. 익을수록 깊어지는 장맛처럼 옹기와 어머니는 묵은 연을
오래 이어갈 것이다.

거꾸로 흐르는 시간

부산발 KTX, 타고 보니 역방향 자리다. 시선은 정면을 향하나 뒤를 돌아보는 격이다. 한 컷씩 눈에 담기도 전에 산과 들과 구름은 도망치듯 달아난다. 다가오는 풍경을 과거로 돌려놓는 쾌속의 기차처럼 우리네 삶도 결국 과거라는 이름으로 남게 될 것이다.

'카르페 디엠'. 모두가 '카르페 디엠'을 힘주어 외친다. 지금을 마음껏 즐기라 한다. 이들 또한 현재가 잠시 잠깐 찰나인 것을 알기에 섬광 같은 순간을 애써 놓치지 않으려는 것일 터이다. 어쩌면 오늘도, 다가올 내일도 지금까지 누적된 시간의 일 편일지 모른다. 우리를 살게 한 것은 온갖 무지갯빛 내일이 아니라 시들고 뭉개진 어제라 하지 않았나. 어제가 아닌 오늘이 없듯 과거를 벗어난 현재가 존재하기나 할는지. 과거라는 거대한 짐승은 한 생애의 귀착점이 과거인 것을 알기라도 하듯 다가올 시간을 닥치는 대로 집어삼키려 커다란 아가리를 벌리고 있다.

거꾸로 흐르는 시간. 차창을 통해 등 뒤의 풍경을 게우는 기차처럼 살다 보면 어느 한순간이 울컥 떠오를 때가 있다. 원경이 아름다워 보이듯 삶이 지치고 힘겨울 때면 저 너머 사라져 간 날들이 더욱 애틋하고 그리워진다. 현실이 암막처럼 드리울 때면, 삶이 종잡을 수 없이 막막해질 때면 나도 모르게 가난하지 않던 한 때의 기억을 뒤적거리게 된다.

날개를 잃다. 큰이모는 하얀 날개의 천사였다. 병들어 어려운 처지의 사람을 위해서라면 누구보다 앞서 나서던 위인이었다. 위로가 필요한 곳이면 어디라도 날아갈 수 있는 폭넓은 날개를 지녔다. 해만큼 밝고 환하게, 씩씩한 여장부로, 탁월한 문제해결사로, 통 큰 인심으로 주변에 크나큰 힘과 위로가 되어주곤 하였다. 국내 최고 병원 간호 부장이라는 중책의 무게도 거뜬 없던 이모가 정년퇴임을 하고부터 온몸이 반란이었다. 건강에 문제가 생긴 것이다. 먼저 종횡무진 활개 치느라 쉴 사이 없던 날개에 탈이 났다. 비상하던 날개를 접어야 했다. 무한 창공을 펼쳐가던 활공의 날개를 잃었다. 하루아침에 새장에 갇힌 새가 되었다. 이어 수많은 하소연을 들어주던 청력에도 무리가 왔다. 멀어진 청력은 그를 더욱 무기력하게 하였다.

큰이모가 맏언니인 어머니댁에 혼사 일로 내려왔을 때였다. 모두가 밀린 이야기를 풀어놓기에 바빴다. 네 자매가 모처럼 한자리에 모였으니 얼마나 하고 싶은 이야기가 많았을까. 왁자하니 들뜬 자리였다. 하지만 유독 어울리지 못하는 큰이모였다. 보고도 믿을 수 없는 광경이었다. 알고 보니 서둘러 오느라 보청기를 빠뜨렸단다. 어디서든 깃발을 들고 대장 노릇하는 그였지만 그날은 한껏 움츠린 몸으로 멀뚱하니 동생과 언니의 입모양만 뚫어지게 쳐다볼 뿐이었다. 대화에 들고 싶었지만 마음뿐이었을 것이다. 난처함을 숨기려 백지 귀로 훤히 알아들었다는 듯 대답 대신 웃고만 있었다. 기분 좋은 자리에 불편한 내색을 비치고 싶지 않았기 때문일 터이다.

기억을 지우다. 당연한 수순처럼 둔감한 청력은 '치매'라는 불청객을 불러왔다. 65세 이상 인구의 10 퍼센트, 80세 이상의 약 40 퍼센트가 앓고 있다는 고독의 병, 치매였다. 평소 활달하던 성격만큼 병은 급속도로 진행되었다. 이모의 시간은 멈추었다. 그러한 당신에게 있어 시간의 흐름은 아무런 의미가 없었다. 과거와 현재와 미래가 혼숙하고 있는 양 시제는 방향 잃은 시곗바늘

처럼 흔들리고 있었다. 하루에도 몇 번씩 과거로 갔다 되돌아오
는 것 같은 착시현상이 벌어지곤 하였다. 느닷없는 암울한 현실
이 그로 하여금 행복한 시절로 시침을 돌려놓았는가. 의식은 스
멀스멀 뒷걸음질이었다.

순한 아이가 되다. 뇌 측두엽의 퇴화가 시공간의 혼돈을 겪는
다면 전두엽의 되화는 심한 감성 기복을 일으킨다. 지인의 아버
지는 평소 말수가 적고 점잖던 분이었는데 치매를 앓자 듣도 보
도 못한 욕설을 속사포같이 쏟아내더라는 것이다. 억눌렸던 분노
가 터져버린 것인지. 때로 짐승처럼 사납고 공격적이어서 병원에
모시기도 힘들다는 하소연이 남의 일 같지 않았다. 하지만 이모
는 순하디 순한 아기가 되어가고 있었다.

잃어버린 것. 정년을 하고 이제 막 펼쳐질 자유 앞에서 자유를
잃은 당신이었다. 지금의 형편과 처지를 떨치고 싶은 간절함이
철없던 시절로 그를 데려간 것인가. 혼자서는 아무것도 할 수 없
는 성인 어린아이가 되어갔다. 감정이 균형을 잃고 갈팡질팡하였
다. 낙심하고 우울하던 이모가 예전처럼 밝아질 때도 있었다. 그
것은 회복과 진전을 알리는 호신호가 아니었다. 앞뒤 없이 흐트
러진 시제처럼 감정 기복이 춤을 추고 있었으니. 크게 웃다가 울
고, 어리광을 부리듯 억지와 떼를 쓰기도 했다. 시간은 내일을 질

주하는데 이모는 역행의 기차처럼 지난 시간을 들추며 하루를 애써 버티는 것 같았다. 딸은 그런 어미가 한없이 가여웠다. 외동딸인 저를 더없는 사랑으로 돌보아주던 어미의 마음이 되어 성인 아이가 된 어머니를 보살폈다. 아기처럼 씻기고 닦이고 먹이고 어르고 달래어 가면서.

거꾸로 흐르는 시간. 이모는 하루에도 몇 번씩이나 추억 열차에 오르내린다. 역행의 열차에서 칠순 이모는 중년이 되고 앳된 새댁이 되고 청춘이 되고 소녀가 되고 아이가 되고 마침내 아기가 되어 갔다. 꿈에 그리던 어머니를 만난 듯 딸의 치마폭에 설움과 넋두리를 풀어놓고 눈물이 마를 때까지 울기도 하였다. 이모의 추억 여행은 멈추지 않을 것이다. 마치 알은 품은 연어가 역류하는 물살에 부딪고 찢기어 비늘이 벗겨지고 살갗이 해지는 고통을 감수하면서까지 모성의 강으로 질주하듯. 연어가 죽을힘을 다하여 거슬러 간 곳은 갓 태어난 어머니 품과 같은 강이 아닌가. 가장 힘겨울 때 가장 아름다운 시절을 떠올리는 연어처럼 병들어 나약해진 당신의 처지가 거꾸로 가는 시간 열차에 오르게 하였으리라.

우물을 간직하다. 우리는 날마다 또 다른 내일을 바라지만 급변하는 세월 속에 영원히 변하지 않을 나만의 안식처를 갈구한다. 힘이 들 때면 찾아가 눈물 흘릴 수 있는 그리움의 우물 하나를 가슴에 담으려 한다.

거꾸로 열차는 달려간다. 마르지 않을 우물을 찾아서.

제복을 입다

　간호사의 하얀 가운은 제복이다. 탈의실에서 일상복을 벗고 백색 가운으로 갈아입는 순간 나이팅게일 선서를 가슴에 아로새긴 순백의 간호사가 되는 것이다. 긴 머리카락을 단정하게 틀어 올리고 캡으로 복장을 마무리하면 흐트러진 마음까지 곧추세워진다. 남다른 각오와 비장함을 갖게 된다.

　제복에 빠지다. 언제부턴가 나에게는 제복에 대한 꿈이 있었다. 그것은 어쩌면 현실보다 환상에 가까운 꿈이기도 했다. 열 살이 채 되기 전이었다. 육군 사관학교를 졸업하고 육군 중령 계급장을 단 이모부가 반듯한 제복 차림으로 우리 집 마당을 막 들어설 때였다. 어린 가슴은 불에 덴 듯 화끈거렸다. 미끈하게 잘 다려진 군복만큼 절도 있고 세련된 말투와 표정을 지닌 이모부가 마치 다른 세상 사람처럼 보였기 때문이다. 환한 미소는 햇살에 반짝이는 계급장만큼이나 눈부셨다. 녹색 군복은 나에게 간호장교의 꿈을 꾸게 하였다. 또 사춘기 때 나를 흠뻑 빠지게 하였던 영화 <애수>에서 비비안리의 상대역으로 분한 로버트 테일러의 비에 젖은 군용 바바리코트는 사춘기 가슴에 열꽃을 피우게 하였을 뿐 아니라 제복에 대한 열망을 싹 틔우게 하였다.

제복을 입다. 처음으로 제복을 받아 든 건 제복의 의미를 알지 못하던 철부지 때였다. 부산시 초등학교 고적대 대회를 앞두고 선생님으로부터 말로만 전해 듣던 제복을 받게 되었다. 상상으로만 그리던 사관생도의 제복이었다. 붉은 상의와 하얀 바지와 깃털 꽂힌 붉은 모자를 받아 든 순간 무언가 모를 감격과 뭉클함과 묵직한 무게감을 느꼈다. 사관생도가 된 것 같아 환호하며 으쓱이던 기분도 잠시, 천방지축이던 철부지들 사이에 알 수 없는 정적이 감돌았다. 웃음기마저 말끔히 지워졌다. 아마도 완벽한 연주는 물론 제복에 걸맞은 절도 있는 동작과 한 치의 실수도 없는 완벽한 연주와 플레이로 기필코 우승컵을 거머쥐어야 한다는 필승의 부담 때문이었으리라. 선생님으로부터 제복을 하사받는 얼굴은 굳었고 두 손은 가늘게 떨리고 있었으니.

제복의 무게. 제복의 무게감은 대단하였다. 훈계나 말로 풀지 못할 그 어떤 힘이 있었다. 제복을 차려입고 모자를 눌러쓴 아이들은 이제껏 응석하던 철부지가 아니었다. 어른이 된 듯 의젓하였다. 제복은 단발머리 소녀의 수줍고 변덕스러운 마음과 짓궂은 까까머리를 똑 부러지고 강단 있게 만들었다. 철부지들은 제복의 아이가 되었다. 찌는 듯한 더위에 찌든 땀 냄새와 까맣게 그을려 거죽처럼 벗겨진 콧잔등도 아랑곳하지 않았으니까. 하물며 여름 방학을 통째 반납해야 한다는 당찬 각오도 서슴지 않았다. 온종일 모래 먼지를 뒤집어쓰는 혹독한 훈련과 타들어 가는 한나절 태양과 맞짱 뜨는 중에도 포기하는 사람은 없었다. 타는듯한 갈증과 열사병을 앓는 가운데 한 명의 낙오자 없이 강도 높은 훈련을 견뎌내었다. 그 결과 눈물 고인 우승컵을 높이 들 수 있었던 것은 그 무엇보다 제복이 지닌 위력이 아니겠는가.

병원에서 오랜 야근 근무로 방전된 몸과 마음도 흰 가운을 풀세트로 장착하는 순간 에너지가 급충전된다. 밀물 같은 피로감도 썰물처럼 사라진다. 응급실 문틈을 새어 나는 신음 소리와 비명 소리와 보호자의 애끓는 울음이 걸음을 더욱 재촉한다. 헌신과 봉사의 백의 천사가 되는 게다. 가운은 기적과 같이 사람을 새롭게 한다. 백의 천사에게 있어 지옥은 있을지라도 적은 없는 것. 하얀 가운은 심신의 고통에 빠져 신음하는 모든 이들을 지켜내어야 한다는 인류애적 사명을 지니게 한다. 오래전, 이십 대의 보송

송한 간호사들이 모두가 잠든 새벽에 동짓달 얼음장 같은 시멘트 바닥에 몸을 내던진 피투성이 환자를 한 품에 끌어안고 겨울바람보다 빠르게 질주할 수 있었던 것도 제복에서 비롯된 불가항적 힘이 아니었을까. 제복이 아니라면 어찌 감당할 수 있었으리.

마음을 재단하는 옷. 제복은 옷 이상의 의미를 갖는다. 사람을 다스리는 비상한 미력을 지니고 있는 것 같다. 국가의 방위에 의무를 다하는 군인의 군복과 헌신과 봉사를 천직으로 하는 경찰의 경찰복과 위험을 불사하고 불길을 뛰어드는 소방원의 방화복과 생명의 위기에 맞서 싸우는 의료인들의 피 묻은 가운과 항공 승무원의 유니폼까지, 제복은 각기 지켜야 할 업무와 책임과 역할을 대변하기도 한다. 군복을 입는 순간 철모르던 아들이 군복에 각을 잡듯 마음을 다잡아 국가와 민족에 충성을 맹세하듯 제목은 사람의 마음까지 재단하는 것 같다. 군인은 순직할 때 생사고비를 함께하던 군복을 수의로 입게 된다 하니 제복과 사람은 죽어서도 분리할 수 없는 일체가 되는 것이다.

옷이 사람을 입다. 심리학자 제니퍼 바움가르트너는 "옷은 당신이 누구인지 말해주는 침묵의 언어다."라고 하였다. 그만큼 옷은 수많은 의미를 내포하고 있다. 그중에도 제복은 특유 권한의 상징이자 그에 따른 의무와 사명과 헌신을 수반한다. 제복인은 옷이 정한 질서와 규칙과 규율을 따라야 할 책임이 있다. 경찰이나 군인, 소방관, 간호사는 제복을 입는 순간 마음도 몸도 한 치의 흐트러짐을 용납하지 않는다. 하지만 일과를 마치고 일상복을 입으면 그들 또한 소심하고 부끄러움 많고 실수 연발인 일상의 보통 사람이 된다.

사람이 옷을 입다. 하지만 현장에서는 제복의 중량을 능가하는 인간으로의 정과 도의 질량과 무게를 부정할 수 없다. 소방관이 얇은 방화복을 생명 방패로 삼아 집어삼킬 듯한 화마 속을 거침없이 뛰어들 수 있는 것은 가슴속 뿌리내린 인간애의 발로가 아닐지. 보호자와의 상봉을 소원하던 환자와의 마지막 약속을 지키려 꺼져가는 생명 줄을 놓지 않으려는 의료인의 땀방울은 거역할 수 없는 사람에 대한 정리 때문이 아니겠는가. 떠나려는 자와 보내지 않으려는 자의 사투가 벌어지는 의료 현장에서는 인간 사이의 강력한 끈을 느낄 수 있다. 억울한 원을 풀어주고 악의 순환을 끊으려 가정조차 잊어야 하는 경찰들, 그들이 생명의 위협과 위기에도 굴하지 않는 것은 인간으로의 도리를 저버릴 수 없기 때문일 테다. 하여 옷이 사람을 입기보다 사람이 의복에 참된 의미를 부여하는 것 같다.

제복을 벗다. 6여 년간의 길지 않은 제복 생활이었다. 가운을 벗은 지도 어언 삼십여 년의 시간이 지났다. 하지만 나는 아직도 옷을 벗지 못하고 있다. 하얀 가운은 영원히 벗을 수 없는 영혼의 옷이 된 것만 같다. 하얀 제복인의 모든 것이 내 마음 한 귀퉁이에 아로새겨져 있으니. 영혼의 옷은 나비의 문신과 같이 씻으면 씻을수록 선명히 드러난다. 오랜 시간과 함께 사라진 줄 알았던 사명 의식이 때로 불쑥불쑥 고개를 쳐들어 나를 몹시 당황스럽게 한다.

어떤 옷을 입을까. 옷장을 뒤적이는 손길이 조심스럽다. 옷에 따라 내 행동반경이 달라질 테고 그에 따라 내 삶의 결도 달라질 테니까. 옷을 고르는 손이 신중하다.

골목 풍경

 쉬 마음 트지 않는 길이다. 골목은 얼기설기 꼬불꼬불 새끼줄처럼 꼬이고 휘고 비틀어졌다. 뱀 꼬리와 같이 길고 가늘게, 꼬리에 꼬리를 물고 이어지나 싶더니 막다른 곳에 이르러 느닷없이 제 꼬리를 뭉텅 자르곤 모른 척 시침을 뚝 떼기도 한다.

 골목은 낯을 가린다. 처음 본 이에겐 더욱 그렇다. 쉽사리 마음을 열지 않으니 도무지 그 속을 헤아릴 길이 없다. 끊어질 듯 이어지고 이어질 듯 끊어지는, 시작도 끝도 분명치 않은 길이다. 길이라 하기엔 다소 거북스러운 골목에선 초행은 물론, 한두 번 다녀간 사람도 길 위에서 길을 잃어버린다. 당황스럽다. 더구나 갈랫길 앞에선 이 길이 저 길만 같아 끝 모를 미로 속을 우왕좌왕 헤매기 일쑤다. 기껏해야 골목일 뿐이라 얕보다간 큰코다친다.

함부로 얕잡아 볼 만만한 길이 아니다. 완고한 사람을 우매한 길치로 만들어 단번에 드센 기를 싹둑 자르기도 하니까. 하여 입구도, 출구도 모호한 골목 앞에선 제아무리 똑똑한 사람도 자존심의 꼬리를 한껏 낮추어야 할 테다. 하지만 거미줄같이 촘촘한 길도 골목을 놀이터 삼는 코흘리개에게는 한밤중에도 불을 켠 듯 훤한 곳이기도 하다.

골목은 아이들의 놀이터다. 비좁고 옹색하지만 시도 없이 모이는 동네 아이들에겐 이보다 좋은 곳이 있을까. 골목은 이들만의 전용 아지트이자 텃세할 수 있는 자리이다. 코흘리개들은 더위도, 추위도 잊은 채 온종일 골목 놀이에 푹 빠져 있다. 딱지치기와 구슬 놀이로 골목을 주름잡는 골목대장이 가려지기도 한다. 골목대장은 조무래기들을 쥐락펴락하는 골목의 왕으로 군림한다. 한동네 아이들은 골목을 중심으로 모이고 흩어지는 골목 친구가 된다.

골목은 삶의 민얼굴이다. 꾸미지 않는다. 최신 유행에 민감하지도 않다. 도시의 큰길이 휘황한 네온사인으로 치장한다면 골목은 꾸밈없는 순수함이 그만의 매력 포인터다. 창에 어린 불빛이 가로등을 대신한다. 골목엔 반짝이는 불빛도, 거만스러운 고층 빌딩도 없다. 좁은 길을 사이에 두고 고만고만한 지붕들이 키를 맞추며 오순도순 살아간다. 때로 고성이 난무하고 다시 안 볼 것처럼 투닥거리기도 하지만 다음날이면 늘 그렇듯 일상의 이야기가 들끓는 곳이다. 삶의 냄새가 풀풀 흩날리는 골목. 골목길엔 하루에도 몇 번씩 미운 정 고운 정을 쌓고 허무는 이웃들의 땀과 눈물이 있다.

골목의 추억. 골목의 시간을 뒤적이면 누구나 되씹고 싶은 추억 하나쯤 숨겨져 있을 것 같다. 은밀한 사랑 이야기도, 첫 키스의 설렘과 가슴 터질 듯한 두근거림도 있다. 거뭇한 수염에 삐딱 모자를 쓴 헐렁 바지 학생들이 허풍 잡고 건들거릴 수 있는 곳도 뒷골목 어귀쯤이 아닌가. 대로의 제왕도 비좁은 골목에선 맥을 못 춘다. 골목에서는 골목의 왕도가 따로 있는 법이니까. 음지의 꽃은 양지의 꽃처럼 혹하는 향기는 없을지라도 자생의 생명력은 그 누구에 못지않을 터이다. 물 한 번 준 적도, 눈길 맞춘 적도 없지만 철 따라 피고 지는 채송화, 맨드라미, 봉숭아의 도란도란 속삭임이 있는 골목이다.

골목의 삶. 옆집 새댁의 새하얀 속옷이 바람 그네 타는 곳도 뒷골목이다. 아이들 칭얼대는 소리, 고함치는 소리, 밥 짓는 소리, 보글거리는 찌개 냄새, 골목은 진솔한 삶이 잡초처럼 무성히 피어난다. 이른 아침이면 '재첩국 사려.'하는 아지매의 외침이

동네방네를 깨우는 알람 시계가 된다. 온 골목을 들썩이는 동동 구루모 장사의 '쿵'하는 북소리와 '창그랑 창그랑' 시원한 엿장수 가위 소리가 주고받는 쿵 장단이 한나절의 무료함을 잊게 해준다. 망개떡 장사와 메밀묵 장사의 굵직한 목소리에 밤이 깊어간다. 그들은 꼬부랑 골목길에 긴 겨울밤의 여운을 지문처럼 남긴다.

가파르고 아슬한 건 골목만이 아니다. 골목 안 사람들의 삶도 길과 같이 평탄치 않다. 다닥다닥 붙어살 수밖에 없는 고달픈 하루 벌이의 삶은 편할 날이 없다. 가파른 길만큼이나 뒤안길의 삶은 서럽고 힘겹고 고달프다. 퇴근길의 해장술이 각박한 삶을 잠시나마 잊게 해 준다. 하루살이의 설움을 달래는 막걸리 한 되 박에 취한 갈지자걸음에 달빛 그림자가 춤을 춘다. 시장통같이 소란하고 북적이는 골목에서도 밤새 불빛은 꺼질 줄 모르니. 청운의 꿈은 시련의 바람이 거세어갈수록 불을 지펴 올린다.

골목이 사라지다. 도시개발의 쓰나미에 골목이 생존의 위협을 느낀다. 새바람의 거센 물결이 추레한 골목쯤이야 간단없이 뭉개 버릴 기세다. 보석 같은 추억도 탱크 같은 지게차 바퀴에 흔적 없이 사라져 간다. 짠내 나는 이야깃거리와 사람 사는 냄새와 한잔술에 거나하던 노랫소리가 지워진 터에 초고층 빌딩이 들어선다.

얼기설기한 돌담 대신 방음벽이 비밀 요새를 철통 방어한다. 하나 마냥 물러나 있을 골목이 아니다. 치고 꺾을수록 억세게 일어나는 잡초와 같은 삶을 살아온 골목이 아닌가.

음지가 양지로. 움츠렸던 골목이 기지개를 켠다. 음지에도 볕들 날이 있는가. 이제 한길에 떠밀려 변방으로 내몰리던 어제의 골목이 아니다. 언제부턴가 사람들의 이목이 골목으로 쏠리고 있다. 골목의 매력에 사로잡힌 양지의 사람들이 우중충한 음지의 담벼락을 따라 줄을 잇는다. 큰길에서 느낄 수 없는 색다른 정취와 이야기와 특별한 맛과 멋을 찾아 하나둘 골목을 찾아든다. 골목이 대세다. 카페 골목, 책방 골목, 시장 골목, 먹자골목, 떡볶이 골목, 칼국수 골목, 약방 골목 등등 주목할 테마를 내세우며 나날이 변화하며 성장하는 음지의 골목이다. 골목과 더불어 골목 안의 시간도 속도전을 가한다. 이제는 양지의 대로도, 등등하던 빌딩도 부럽지 않다. 골목이기에 외려 큰 소리 할 수 있는 시대가 도래하였으니.

말초가 핵심이다. 인체도 말초의 순환이 순조로워야 건강하다 할 수 있듯 지금 도시는 말단부인 골목이 중심이다. 말초의 구석진 곳이 원기 왕성한 활력을 되찾고 있다. 눈물과 한숨뿐이던 골목이 금의환향하였다. 하지만 황금의 눈부심과 대중의 인기몰이에 골목은 점점 지쳐간다. 휘황한 불빛에 가려 본연의 빛을 잃어 가고 있는 골목이다. 뒤안길의 이야기가 사라져 간다. 대로의 고성에도 기죽지 않던 강심의 골목이 아닌가. 덕지덕지 짙은 화장이 어찌 어색하기만 하다. 화장기 없는 그대로가 아름다운 골목이다. 눈코 뜰 사이 없이 분주한 골목, 창틈 사이 불빛이 길을 밝히던 그날의 향수가 그리워진다.

나는 오늘도 사람 냄새, 정 냄새를 찾아 이 골목 저 골목을 기웃거린다. 민얼굴이 수줍던 너를 찾아서.

운명의 수레바퀴

    운명의 수레는 멈추지 않는다. 내가 가야 할 곳으로 또는 예정되어있지 않은 미지의 곳으로 이리저리 방향을 틀며 빠르게 때론 느리게 달려간다. 핸들을 쥔 것은 나일 테지만 또 다른 불가항력의 힘이 더하여진다는 걸 알게 된 것은 이 일을 맞닥뜨리고부터였다.

    운명의 수레바퀴. 고대 그리스 신화에서는 운명의 세 여신이 삶의 실을 잣고 그 길이를 정하며 최후에 삶을 끊는 역할을 맡는다고 하였다. 운명의 여신인 '모이라이'가 삶의 절대적 권력자라 그 누구라도 정해진 운명을 벗어날 수 없으며 오직 그들만이 삶을 엮고 죽음을 결정한다는 절대적 믿음이었다. 하여 고대 사람들은 인간은 물론 신마저 주어진 운명 앞에 무력하다고, 운명은 바꿀 수 없는 것이라 여겼다. 세 여신만이 운명의 수레를 이끌어 간다고 믿었던 것이다.

　운명의 길. 화창한 봄날 어느 가족의 행복한 나들이였다. 하지만 행복은 오래가지 않았다. 돌아오는 길에 일어난 예기치 못한 사고는 한 가족의 운명을 바꾸어 놓았다. 한때 의료인으로서 임상의 일은 발설하지 않는 섯이 원칙이며 의무이기도 하다. 지금껏 이를 엄격히 지켜왔다. 하나 아주 오래전 일이라 기밀의 유효기한이 지나기도 하였을 테고 소나기 후 물빛 가장자리에 맺힌 무지개처럼 불행이 맺은 행복의 결실에 마음이 더없이 훈훈해지기도 하였던 터다. 하여 고이 접어둔 기억 한 편을 들추어보기로 한다.

　운명의 소용돌이. 내가 근무하던 곳은 대형 종합병원이었다, 병원은 전속으로 달려오는 구급차의 사이렌 소리를 즉각 들을 수 있는, 도로 인접한 곳에 자리하고 있었다. 응급실 불빛은 밤이면 더욱 환하다. 병원 전체를 원형으로 보았을 때 그 중심축이 응급실이라 해도 무방할 것이다. 그곳에서의 신속하고 발 빠른 대처가 질병 예후에 지대한 영향을 미치기 때문이다. 즉 생사 여부의 갈림길이라 해도 과하지 않을 테다. 응급실은 앰뷸런스의 예리한 불빛과 들것에 실려 온 환자들의 피와 상처와 고통으로 잠잠한 날이 없었다. 왁자한 소리와 어디론가 달려가는 소리, 기진한 신음과 보호자의 고함, 통곡 소리가 층층 계단을 타고 윗 병동까지 메아리로 울려 퍼진다. 그곳엔 언제 들이닥칠지 모를 돌발 상황을 대비해 의료진들이 24시간 비상 대기 근무를 이어 간다. 그날따라 왠지 고요하였다. 새벽 시간 앰뷸런스 사이렌 소리가 적막에 빗금을 긋기까지는. 이어 의료진의 다급한 발걸음이 복도를 울렸다.

나는 사 층 특별병동에 근무하던 터라 다가올 일에 촉각을 세우고 있었다. 그때 전화벨이 울렸다. 교통사고로 응급처치를 마친 일가족이 특별병동에 입원하길 원한다는 연락이었다. 우리는 환자를 맞을 준비를 하고 초조하게 기다렸다. 곧이어 이동용 침구에 남성 한 분이 실려 왔다. 그 뒤로 여성 둘과 아이 둘이 붕대를 감은 채 휠체어를 타고 오는 게 아닌가. 예상 밖의 상황에 놀라면서도 한 편 안도의 숨을 내쉬었다. 고속도로에서의 사고라 믿기지 않을 만큼 상해가 경미하다는 생각에서였다. 하지만 일시적 증상만으로 결과를 예단할 수 없음을 잘 알고 있던 터라 검사와 치료를 병행하면서 추후 경과를 지켜보기로 하였다. 현재로서는 차를 운전한 남성의 상태가 위중하였다.

가족의 운명. 일가족 네 명과 아이들의 이모이자 남성의 처제이자 여성의 친동생이 함께한 여행길이었다. 일박 여행을 마치고 돌아오던 중 과속하던 차와 충돌하는 사고가 난 것이다. 차는 형체를 알아볼 수 없을 만큼 파손되었지만 다행히 인명 피해는 크지 않았다. 며칠 후 아이들은 타박상 치료만으로 퇴원하였고 허리를 다쳐 물리치료와 투약을 병행하던 남성과 이모의 상태도 조금씩 호전되어 가고 있었다. 다만 아이들의 엄마이자 남성의 아내는 턱관절의 복합골절로 몇 차례 수술을 받아야만 했다. 예상과 달리 환지의 상태는 갈수록 악화되었다. 허약한 데다 거듭된 수술로 인한 급격한 체력소모가 문제였다. 엎친데 덮친 격으로 고열에 폐렴까지 더하여 석션과 항생제도 무용하였다. 서둘러 중환자실로 옮겨야 했다.

이제 병동에 남겨진 사람은 아이의 아빠와 이모뿐이었다. 둘은 서로 의지하듯 나란히 기대어 복도를 거닐었고 햇살 좋은 벤치에서 이런저런 담소를 나누기도 하였다. 한 층 아래 중환자실에서 사경을 헤매고 있을 환자의 상황을 미루어 알고 있는 우리 눈엔 오누이같이 다정한 모습이 그리 고와 보이지 않았다. 중환자실에서는 산소포화도가 떨어져 위독하다는 전갈을 보내왔다. 의료진의 필사 노력에도 불구하고 의식마저 점차 잃어가고 있다는 소식이었다. 잠시 의식이 돌아온 환자는 병동에 있는 동생과 남편을 애타게 찾았다. 하나 두 사람을 마주한 환자는 사막 같이 마르고 갈라진 혓바닥에 할 말을 묻었는지 그렁한 눈동자로 남편과 동생을 번갈아 바라볼 뿐이었다. 두 손을 붙잡은 채 소리 없이 눈물만 흘렸다. 짧은 면담은 그렇게 끝이 났다. 그날 밤 환자는 타고 왔던 앰뷸런스에 실려 대학병원 중환자실로 옮겨졌다.

수레바퀴의 향방은 어디로. 얼마 후 아이들의 외할머니가 병원을 찾아왔다. 고생만 하다 이제 잘살게 되나 했더니 이런 사고를 겪게 되었다며 큰딸이 가엽다며 대성통곡을 하신다. 작은딸은 신혼 초부터 의처증으로 갖은 학대를 일삼던 남편과 헤어졌다고 한다. 홀로 된 이모는 조카들을 끔찍이 여겨왔다고 하였다. 두고 온 자식에 대한 애틋함을 어린 조카에게 고스란히 주고 싶었을 것이라. 또한 언니는 그러한 동생을 보살피며 한 가족처럼 지내왔다는 것이다. 하여 이번 가족 여행길에도 동반하였다고 한다. 모처럼 유쾌한 한때를 보내고 오던 길에 이러한 참변을 당하였던 게다. 하지만 우리는 어깨를 포옹하던 손길과 흐린 날 답지 않게 맑아 보이던 표정이 거북살스럽기만 하였다. 그때는 우물 같은 사랑을 모를 연초록 나이였으므로. 얼마 후 합병증을 이겨내지 못한 엄마는 어린 아들딸과 남편을 남긴 채 하늘나라로 떠나셨다는 안타까운 소식이었다. 환자의 비보에 우리는 허탈하였다. 무엇보다 할머니댁에서 엄마가 돌아올 날을 손꼽아 기다릴 아이들의 눈동자가 선연하였다. 행복을 찾아 떠난 나들이가 이생의 마지막 여행이 될 줄이야.

수레는 내일을 향한다. 장례를 마치고 한 달쯤 지난 후 아이들과 아이의 아빠와 이모가 특별병동을 찾아왔다. 외래 약을 받고 인사차 들린 거라며 최선을 다한 우리에게 감사를 전하였다. 아이들은 아무 일도 없었다는 듯 그저 티 없이 웃고 있었다. 이를 지켜보는 두 사람은 더없이 평온하고 행복한 부부의 모습이었다. 비로소 우리의 미숙함과 어리석음을 확인하는 순간이었다. 그토록 밉살스럽게 보이던 그들의 처사가 감사로 돌변하는 순간이었다. 흐트러진 가족이 온전한 가족으로 재탄생되었다. 한 가정을 지키려 조각 난 마음을 모았으리라. 동생에 대한 극진한 보살핌과 위로가 갑절의 보은이 되는 광경을 우리는 목도하였다. 인연과 필연과 우연과 무엇보다 한 가정을 지키려는 단호한 의지가 수렁에 빠진 운명의 수레를 다시금 일으켜 세운 것이다. 이제 사랑이란 동력으로 밀고 당기며 운명을 이끌어갈 두 사람이다.

수레는 멈추지 않는다. 길을 잃고 망연해하는 그들에게 먼저 손을 내민 건 남편의 아내이자 동생의 언니이자 아이들의 엄마가 아닐지. 남편은 두 사람의 손을 놓지 않으려던 하얀 손을 떠올렸으리라. 또한 동생은 언니의 혀뿌리에 감추어진 간곡한 당부를 새겨들었으리라. 길이 험난할수록 두 손을 꼭 잡아야 한다는 것까지도. 두 마음이 하나 되어 가는 길에 사철 꽃비가 소복하기를.
운명의 수레는 돌돌 행복을 열어간다.

동래 학춤

학이 춤을 춘다. 교교한 달빛에 취해 밤을 하얗게 밝히는 봄날의 복사꽃처럼 학은 중천 햇살보다 부신 날개를 휘휘 가로저으며 온 세상이 환하도록 은빛 가루를 흩뿌린다.

춤판이 벌어진다. 산중의 적막과 고요를 깨우는 꽹과리 소리에 졸던 새가 놀라 달아난다. 곡조를 이끄는 북의 묵직한 울림과 산을 옮길 듯한 징소리가 땅과 하늘을 전율시킨다. "덩 덩덩" 동래 한마당잔치를 선포하는 장구 장단과 꽹과리 소리와 끊어질 듯 이어지는 구음 창에 스무 마리의 학이 너풀너풀 날개를 저으며 앞마당으로 뛰어나온다. 너울거리며 춤판으로 뛰어드는 너름새, 일자사위, 모이를 쪼는 모이어룸사위, 외발 서기, 좌우활개사위, 배김사위 등으로 흥을 고조시키는 무수들은 강가에서 시원한 강바람에 몸을 씻으며 흥겨이 뛰어노는 학의 모습이다. 날개를 폈다 오므렸다, 어깨를 조아렸다 피었다, 등줄기를 늘였다 줄였다, 버선 콧대를 들었다 놓았다, 양손을 위로 아래로, 바닥을 치고 굴리며 어깨를 움찔움찔, 사뿐거리는 춤판에 청솔 나뭇가지도 손장단을 맞춘다. 길었다 짧았다, 얕았다 깊었다, 종잡을 수 없이 휘몰아치는 장단과 밀고 당기는 쫄깃한 탄성에 걸맞은 춤사위가 구경꾼들의 발을 묶는다.

흥에 빠지다. 동래 학춤엔 내로라하던 동래 한량들의 풍류적 삶이 깃들어있다. 아닌 척 거드름 피우는 표정과 헛기침 속에 가려진 것을 갈피갈피 흥으로 들추어낸다. 도포 끝자락에 접어둔 체면과 허세를 훌훌 털어내어 한결 가벼워진 학은 하늘을 비상할 기세다. 고고한 갓과 빳빳이 풀 먹인 도포 속에 돌돌 말아 두었던 꿈과 끼와 사랑을 한바탕 춤으로 풀어낸다. 체면을 목숨처럼 여기던 그들도 봇물 터진 흥을 잠재울 수는 없을 터. 흥으로 하나된 마당에 한낱 빈부와 신분이 무슨 소용이런가. 춤 속에 삶이 있고 삶 속에 춤이 있는 것을. 또한 춤 속에 삼라만상이 있고, 흥 속에 삶이 녹아 있을 것인데.

마음을 무르는 춤사위. 풍악이 울린다. 절절한 음률에 고인 물도 파랑을 일으킨다. 우리 가락이 낯선 코흘리개도, 일상사에 지친 젊은이도, 몸과 마음이 짓무른 늙은이도 한마당놀이에 흠뻑 빠져 날 저무는 줄 모른다. 해는 기울어도 달구어진 흥은 쉬 식지 않는 법이라. 금정산을 오르내리던 등산객도 신바람 놀이에 성급한 마음일랑 배낭에 접어 두고 온몸을 움찔움찔 학의 목이 되어 담 너머를 기웃거린다. 흙 마당에 퍼질러 앉은 구경꾼도 궁싯거리는 군무에 무릎을 치고 엉덩이를 들썩이며 한 무리의 학이 된다. 춤마당엔 너와 내가 따로 없을 터. 모두가 내일을 하얗게 잊은 학이 되는 것이다. "얼쑤 동래" 절로 터져 나오는 추임새에 등굽은 노인도 어깨춤을 덩실덩실, 어우러진 흥 마당에 골 깊은 외로움도 봄눈 녹듯 녹아든다.

춤은 무언의 이야기이자 몸이 부르는 노래다. 잠든 영혼을 깨우는 의식이다. 손끝부터 발끝까지 정교하고도 세밀한 움직임으로 잠자는 혼을 불러일으킨다. 영혼은 그의 부름에 기꺼이 응답한다. 굳은 관절을 접었다 폈다 손발을 올렸다 내렸다 한 동작씩 이어가다 보면 조인 매듭이 풀어지고 의식의 가면이 한 겹씩 술술 벗겨져 내린다. 흥에 취한 무수들은 한 마리 학이 되어 두 날개를 사방으로 가로저으며 무아지경 천상으로 솟구쳐 오를 것만 같다. 파란만장한 생애가 궁극의 춤이 되어 한 폭의 그림처럼 펼쳐진다. 상스럽게 여기던 춤이 그만의 맛과 멋으로 버무려져 극한의 예술로 승화되는 순간이다.

춤은 소통의 창구다. 수년 전 파리에서 열린 <라이트 버드> 공연에서는 인간과 학이 한 무대에서 춤을 추었다고 한다. 학 4마리와 무용수 4명이 춤을 통하여 서로 교감하며 꿈꾸는 이상향을 풀어내었다는 이야기다. 사람과 동물이 춤이란 몸의 언어로 서로의 생각과 감정을 나눌 수 있다니. 춤은 사람과 사람, 사람과 동물, 동물과 동물, 자연의 침묵하는 내면까지 훤히 비추어내는 신비로움이 있다. 이것은 <아바타> 영화에서 모든 관객을 울컥거리게 한 명대사 'I see you'의 의미와 같이 말을 하지 않아도 네 모든 것을 보고 듣고 느끼고 헤아린다는 공감과 수용의 뜻이 아닐는지.

온천천에 학이 노닐다. 지척에 학을 두고 저만치 먼 듯 아련하게 느껴지는 것은 그가 지닌 긴 목과 다리 때문인가. 느릿하게 걷는 듯 멈추어 서서 먼 곳을 응시하는 눈동자에 염원이 깃들어있다. 미시 안의 감흥에 휩쓸려 잠시도 참아내지 못하여 닦달하는 사람에게 학은 느림과 거시 안의 미학을 넌지시 일러주는 듯하다. 십장생의 대표 격인 학은 옛사람의 사랑을 독차지하여 서화에도 빠지지 않던 귀한 몸 아닌가. 그들의 소통창구는 소란스러운 말이 아니다. 오로지 기쁨의 노래와 기품의 춤이다. 우렁찬 목청과 우아한 스텝으로 사랑을 향해 매 순간 핑크빛 연서를 띄우지만 서두르지 않는다. 느긋이 기다리는 여유로움이 있다. 한 쌍의 학이 노을 진 강가를 사색하듯 노니는 풍경은 그 자체가 한 폭의 수묵화다. 비록 하루치 먹고 살아가는 삶일지언정 장구의 삶을 여유와 풍류로 개화시키는 학의 삶은 가난하여도 가난하지 않을 것이다.

뿌리로 살아있다. 지나는 바람까지 잠재우던 동래 한마당놀이가 대단원의 막을 내렸다. 너와 내가 하나 된 잔치마당이었다. 지난 고난의 삶을 흥으로 풀어내었던 슬기의 민족, 한민족의 근원이 뼛속 깊이 요동치고 있음을 알았다. 영혼의 저변까지 내통하며 살아가는 저 숲의 나무와 바위처럼 끊을 수 없는 것으로 함께하는 우리가 아닌가. 후련한 춤사위에 꼭 막힌 물꼬가 트였는지 바위틈 사이 물살이 활기차다.

동래 학춤은 사철 멈추지 않는 혈맥의 온천수처럼 사람과 사람으로 연연한 맥을 이어갈 것이다. 학의 노랫소리가 산을 울린다. 온천천에 학이 나타났다.

분노는 분노를 낳고

　세상이 분노로 들끓는다. 분노가 중천의 열기보다 뜨겁게 세상을 달군다. 모두가 피해자 인양 분하고 억울하다 한다. 해소의 출구를 잃어버린 분노가 지뢰처럼 가슴 깊이 잠식하고 있는 것 같다.

　분노하는 사람들. 처음 우리 국내를 방문한 외국인들은 한국인들의 한결같이 무뚝뚝한 표정과 태도에 놀란다고 한다. 무언가 불만에 가득 찬 듯, 화가 잔뜩 난 얼굴이라는 것이다. 뿐만 아니다. 분노로 일그러진 얼굴, 찌푸린 마음은 언제나 외부로 화살의 촉을 겨냥한다. 불특정 다수를 향한 범죄가 극성을 부린다. 목표 없이 마구 내던진 불화살에 엄한 사람이 중화상을 입는다.

분노의 희생양. 순하고 착한 내 친구는 백주 대낮에, 그것도 인파가 북적이는 버스 정류장에서 참혹한 변을 당하였다. 주변에 사람이 있었기에 망정이지 하마터면 크게 다칠 뻔하였다. 일면식도 없는 남자에게 무지막지한 폭력을 당한 것이다. 주변의 도움으로 가까스로 인근 파출소에 신고를 할 수 있었다. 하지만 이러한 공포스러운 일이 최근 들어 빈번한 사건 중 하나일 뿐이라는 경찰의 말에 우리는 더 분노하였다. 몸의 상처는 시간이 치유할지라도 마음을 베인 상처는 어찌할 것인가. 친구가 입었을 공포와 수치감은 평생 지우지 못할 상처로 남아 있을 것이다.

　분노의 화약고. '내로남불'과 '때문'이란 질병 아닌 질병이 만연하고 있다. 이 병은 만성적이고 고질적이라 좀체 치유되지 않는다. 마땅한 약도 없을 뿐 아니라 설령 치유가 된다 하여도 일시적일 뿐 재발이 잦다. 사사건건 남 탓이다. 분노의 화약고는 호시탐탐 기회를 노린다. 때와 장소와 대상을 불문한다. 비열한 분노는 저보다 약한 곳을 찾는다. 힘없는 자를 짓밟는다. 얼마 전 힘겹게 살아가던 소녀 가장의 꿈이 무참히 깨어졌다. 밤늦도록 일하고 귀가하던 소녀는 불같은 분노의 희생양이 되어야 했다. 그러고도 범죄자는 후회와 용서 대신 자신을 냉대하는 사회를 탓하기에 급급하였다.

쌓인 한이 분이 되다. 짓누른다고 소멸될 화가 아니다. 삭히지 못한 한이 화가 되고 화는 분노를 유발한다. 억누른 화는 부지불식간 분노를 터뜨린다. 우리 민족을 한의 민족이라고 한다. 국가 지형상의 위치가 그렇고 한 시대를 다스려 왔던 민족의 정서가 그렇고 침략 속 고난한 역사와 급성장 속에 소외되어야 했던 삶이 그러할 것이다. 그 모든 잠재된 화가 일시에 터져 '분노'라는 돌풍을 불러왔는가. 사람들은 엄청난 화력을 발산하는 '분노의 활화산'이 된 것만 같다. 화를 참지 못하는 시대다. 참지 않는 오늘이다. 조금도 견디려 하지 않는 분노의 마음속에는 나약함과 무력감 불안과 초조라는 새파란 씨앗이 숨겨져 있을 것이다.

분노의 경계선. 학생들의 올바른 정서발달을 위해 초등학생에게 정서행동발달 검사를 할 때였다. 검사를 하면서도 설마 하였다. 하나 놀랍게도 분노 항목에서 정상치를 훌쩍 넘어선 아동수가 예상을 웃돌았다. 심각할 정도의 아이도 있었다. 그 작고 보드라운 마음 어딘가에 분노라는 이상 기류가 흐르고 있다니. 분노는 갈수록 다른 얼굴을 가장하니 학년이 오를수록 문제 발견조차 어려워진다. 결과를 탓하기보다 그 원인을 풀어내어야 할 것이다. 밀린 숙제는 살아온 어른들의 몫이 아니겠는가.

내 가슴의 멍울. 명상과 단전호흡을 하러 갔을 때였다. 수련사가 수련 전에 맺힌 응어리부터 풀어야 한다며 내 명치의 혈을 살살 문지를 때였다. 손을 대자 찌를 듯한 통증에 나도 모르게 '악'하고 소리를 질렀다. 수련사 말로는 풀지 못한 화가 명치에 엉겨있다는 설명이었다. 화는 마음의 찌꺼기라 비워내어야 심신의 건강을 회복할 수 있다고 하였다. 내 몸에 이렇듯 화가 쌓였다니. 충격적이었다. 돌덩이 같은 화가 생명 중추인 심장을 억누르고 있다는 사실이 놀라웠다. 삭히지 못한 화가 스트레스고 그 스트레스가 만병의 주범이 될 터인데 말이다.

　분노하는 사회. 2000년 전 로마 철학자 세네카가 쓴 <화에 대하여>는 앵거 매니지먼트 분야의 고전이라고 한다. 오래전부터 화가 주제가 된 것을 보니 분노는 시대를 초월해 사람과 사람 사이에 존재하였던 것 같다. 지금은 분노가 극에 달하였다. 모두가 분노한다. 사사건건 분노한다. 분노가 일상이다. 사람들은 분노할 먹거리를 찾는 짐승처럼 충혈된 눈동자를 번득인다. 함부로 웃어도, 쳐다보아도, 말을 붙여서도 안된다. 날 선 감정은 터지기 직전 시한폭탄이다. 도로 위에선 더욱 그렇다. 평소 순하기만 하던 친구도 운전대만 잡으면 난폭해진다. 가속은 물론 선 넘은 추월도 마다하지 않는다. 내로남불이 춤춘다. 도로 위에선 날뛰는 짐승이 되어 공격의 갈기를 세운다. 쌩쌩 달리는 도로에서 양보나 배려는 별세상의 이야기다.

오래전 일이다. 퇴근 후 저녁 회식을 한다던 남편이 별안간 장례식장을 다녀왔다고 하였다. 식사 도중 벌어진 언쟁에 격분한 직원이 벌떡 일어나 화를 토하던 중 바로 그 자리에 쓰러졌다는 것이다. 급성 심장마비였다. 곧바로 구급차가 들이닥치고 병원으로 옮겨졌으나 상황은 이미 돌이킬 수 없었다. 병원으로 달려간 동료들은 병원 지하 장례식장으로 곧장 문상을 가게 되었다는 참으로 기가 막힐 일이었다. 평소 심장이 좋지 않은 터라 하여도 극한의 분노가 극한의 결과를 초래한 것이다.

　분노가 분노를 낳다. 현대를 헝그리에서 앵그리로 변한 사회라 한다. 배는 부른데 마음이 고픈 사람들이다. 분노는 또 다른 분노의 싹을 틔운다. 모양만 다를 뿐 한 뿌리에서 생겨난 분노의 행태가 무한 줄기를 벋어가고 있다. 심지어 돌연변이 현상도 일어난다. 분노의 대상도 사람에 국한되지 않는다. 모든 생명과 무생물까지 포함한다. 한계선도 없다. 광란의 분노는 끝없이 질주하고 폭주한다.

　분노의 다른 얼굴. 알랭 드 보통은 "분노의 뿌리는 희망"이라고 역설하였다. 이러한 분노는 퇴보와 파괴와 자멸이 잠재되어있지 않은, 진보와 발전과 성장과 정의를 위한 분노의 또 다른 얼굴일 테다. 마땅히 분노해야 할 때 분노하는 것을 말하는 것일 터이다. 긍정적 분노는 희망과 발전의 징후가 아니겠는가. 나의 분노는 어떤 본색을 지니고 있을지.

분노의 진원지. 내 분노의 진원지가 어디인지 그 뿌리를 들추어 보아야겠다. 다수를 위한 정의와 희생의 깃발인지, 나만의 이익과 안위를 위한 술책이나 방편인지. 파생의 진원지가 분노를 제대로 정의할 것이니.

바람 부는 길

  그것은 분명 경로 이탈이었다. 경로 오류를 알리는 비상 경고음이 '삐삐' 위험 신호를 보내도 통 들리지 않는 모양이다. 아들은 잘 닦인 길을 벗어나 위태로운 바람길을 걸어간다.

  바람이 분다. 아들이 고등학교 진학을 코앞에 둔 어느 날이었다. "엄마, 나 인문계로 진학하지 않을 거예요. 예고에 가서 하고 싶은 밴드를 할 거예요" 중3 아들의 작심한 듯한 폭탄 발언이 평온한 날에 먹구름을 불렀다. 떼로 몰려드는 먹장구름은 곧 들이칠 돌풍과 소나기를 예보하였다. 우리는 예상치 못한 돌발 선언에 어안이 벙벙하였다. 반백 넘도록 살아오면서 탈선은 고사하고 갓길도, 샛길도, 뒤안길도 모른 채 앞만 보며 정주행하던 우리에게 이 무슨 날벼락인가 싶었다. 아니다. 진심이 아닐 게다. 걷잡을 수 없는 사춘기 돌풍이든지 한때의 속 없는 반항과 치기라 믿고 싶었다. 성큼 다가선 계절 속으로 묻혀버릴 이른 봄날의 소소리 바람이기를 바랐다. 다급해진 우리는 숭숭 헛바람 든 마음을 다잡으려 다독이다 뒤집어 으름장을 놓아보기도 하였다. 하지만 쉽사리 사라질 허풍이 아니었다. 그렇게 뿌리도, 진원지도, 방향조차 모를 정체불명의 바람이 안온하던 가정을 소용돌이치게 하였다. 가장은 맥이 풀리고 주변의 흔한 자식 자랑에 기가 죽었다. 얼마 후 아들은 베이스 기타를 둘러매고 실용음악과가 있는 예술고를 진학하였다.

　바람이 바람을 낳다. 바람은 잠시 잠잠하나 싶더니 막강의 부력을 과시하며 수면 위로 올랐다. 새끼를 치고 세력을 키워 몸집을 불리더니 세상을 뒤집기라도 하려는 듯 맹렬한 기세로 몰아쳤다. 입학 후 첫 기말고사를 우수하게 치르고 학교생활에 잘 적응하나 했다. 하지만 획일적 수업 방식과 강사의 안일한 태도와 무엇보다 교우들의 일탈을 더는 보지도, 견뎌내지도 못하겠다며 주위의 만류에도 학교를 뛰쳐나온 것이다. 홀로서기를 하겠다고 하였다. 모루구름은 무더기 비를 몰고 왔다. 바람은 기세를 더하였고 우리는 무지막지한 소용돌이를 견디려 좁은 가슴을 아프도록 키워야 했다. 아들은 세상의 제도와 룰에 항거라도 하듯 넘어서는 안 될 담을 훌쩍 뛰어넘었다.

쉬이 갈 수 없는 길. 학생으로서 의무를 저버린 채 편하고 수월한 길만을 가려한다는 아버지의 가시 돋친 말에 아들은 외려 힘든 길을 택하였다며 맞수를 놓았다. 그렇다. 아들이 가야 할 길은 비포장 가시밭길이다. 매운바람보다 더한 세상 풍파를 만날지도 모른다. 어림잡을 수 있는 확신의 길도 아니다. 극소수만이 어렵사리 안착할 수 있는 곳. 하여 큰 꿈을 안고 갔다 후회와 상처로 돌아서는 길이기도 하다. 불확실하고 모호한 것이 늘 불안하고 위태로운 게 아니라 해도 가파른 바람길을 곡예하듯 건너는 아들을 지켜보는 부모의 눈동자는 흔들릴 수밖에 없었다.

바람이 만든 길. 바람이 지나는 곳이 곧 길이다. 이제 아들은 해송의 치마폭에 둘러싸인 안온한 호수의 삶이 아니다. 스스로 험난한 항해의 로프를 풀었으니까. 길이 없는 바다에 길을 열어가는 야생의 바람이 되는 것이다. 바다는 길이 없다. 또한 사방이 모두 길이기도 한 바다이다. 아들은 드넓은 세상을 향한 깃대를 높이 올렸다. 힘찬 엔진 소리가 출발을 알린다. 한 생애 두 번 다시 가질 수 없는 젊음이란 찬란한 보석을 지닌 청춘이 아닌가. 원석인 아들이 면면이 깎아지고 닳아지고 마모되어 진정 빛나는 보석으로의 재탄생을 기다린다.

바람길을 가다. 삶이란 망망대해에 발을 내린 아들이다. 무너지는 힘으로 일어나는 파도처럼 실패와 좌절을 도약의 발판으로 삼은 용기를 높이 사고 싶다. 어린 생명을 폭풍처럼 자라게 하는 데 바람만 한 게 있을까. 바람이 산처럼 쌓인 물언덕을 바람처럼 춤추듯 건너갈 아들이다. 변덕스럽고 살갑지 않은 바람, 고삐 풀린 짐승처럼 천방지축 날뛰며 때로는 허허롭게 사람을 무너뜨리기도, 일으키기도 하는 바람을 일생 친구로 삼을 수 있다면 세상 어느 곳인들, 어느 길인들 두려우랴. 시인은 나를 키운 8할은 바람이라고 하지 않았나. 아들을 장성하게 자라게 할 바람의 속성을 나는 믿는다.

바람의 삶. 보이지도 만져지지도 않는, 무결정, 무색, 무취의 바람은 신을 가장한 영혼의 날갯짓인가. 한 생애란 결국 한 결의 바람일 터. 우리 모두는 바람으로 태어나 바람과 함께 풍화되어 바람처럼 가뭇없이 사라질 인생이 아닌가. 바람의 씨앗을 늑골 아래 은닉한 채 살아가는 사람들. 바람이 두려워 바람을 피하며 살아온 나로선 바람의 삶을 거부하지 않는 아들이 대견하기도 하다. 하여 바람길을 나선 잔등을 쓰다듬는 바람이기로 한다. 바람과 앞서거니 뒤서거니 하며 바람처럼 크게 나아가는 삶을 살라고, 변화무쌍한 삶을 일구어보라 속삭인다. 활짝 키워진 가슴으로 일렁이는 잔바람쯤 한 품에 끌어안을 수 있는 큰바람 같은 삶이 되라고 바람에 내 간곡한 바람을 싣는다.

경로 이탈은 없었다. 삶에 있어 정주행의 길이란 없기 때문이다. 『자유론』을 쓴 밀은 똑같은 삶의 방식으로 몰아넣는 현대 사회를 우려하였다. 인간이 만든 제도와 틀에 맞지 않는다 하여 잘못된 삶이라고 단정할 수 있을지. 하버드 대학의 토드 로즈 박사의 『평균의 종말』에서는 '평균의 허상'을 지적하기도 하였다. 아들은 한동안 성악과 연기와 무용을 익히며 본격 종합예술의 길로 접어들었다. 성대가 상힐 만큼 노래하고 무리한 동삭과 훈련에 상처와 멍이 잦아들 날이 없어 몸은 기진하였지만 얼굴은 기쁨으로 상기되어 있었다. 샛길로 간다 한들 어떠리. 정체되어 있지 않은 바람만이 참 바람인 것을. 비단 종착지에 닿을 수 없을지라도 한 걸음 나아가는 그 길이 곧 삶의 목적이고 희망이고 열매이려니.

바람 부는 길. 계절의 문을 두드리는 것도 바람이요 씨앗을 뿌리고 꽃을 활짝 피우는 것도 바람이요 향기를 나르는 것도 바람이요 잘 영근 씨앗을 누리마다 흩는 것도 바람일 터이다. 전 생애를 주도하는 바람은 불어서 자신의 존재를 만천하에 증명해 보인다. 하여 바람은 바람으로서 제 삶에 충실하다. 바람 부는 길, 길은 또한 바람으로 살아있다. 바람은 기억하고 있다. 그 길에 묻힌 수많은 발자국과 땀과 눈물의 얼룩과 인내와 감내한 고통까지도. 아들은 훗날 노래할 것이다. 홀로 가는 길, 바람이 있어 외롭지 않았다고.

Ⅱ ——————————————— 빈방

빈방

햇살이 정물처럼 내려앉았다. 창으로 들어온 빛은 방의 고요와 적막을 어루만진다. 텅 빈 방에서 무엇인가를 찾으려는 듯 야윈 손은 온 방을 더듬고 있다. 언니와의 짧은 만남이 못내 아쉬운 어머니는 딸의 체취가 남겨진 방이 마치 딸처럼 여겨지는 것인가. 추억의 부스러기라도 주워 담고 싶은 두 눈에 이슬이 맺힌다.

내가 어릴 적 언니는 우리 집의 작은 가장이었다. 한때 위용을 자랑하던 기와집의 위세는 거센 풍파에 맥없이 주저앉고 말았다. 그로 인해 일찍 철이 들어버린 탓인가. 스무 살이 지나고부터 힘에 부친 아버지를 도운다며 가장의 역할을 자처하고 나섰다. 오 남매의 맏이로서 막중한 무게로 어깨는 버거울 테지만 늘 씩씩하고 당찬 여장부의 모습이었다. 객지 생활의 고달픔 속에서도 웃음을 잃지 않았다. 매월 우편으로 보내오는 장문의 편지와 노란 월급봉투는 가족에게 크나큰 위안이 되었다. 하지만 꼬깃한 지폐 속에 담긴 외로움과 고단함을 읽은 어머니는 울컥이는 눈물을 애써 삼켜야 했다. 집으로 내려올 때면 한 아름 선물을 안겨주던 언니이자 누나이던 맏이는 철부지 동생들에겐 날개를 감춘 수호천사와도 같았다. 그러던 언니가 좀 더 큰 벌이를 한다며 머나먼 이국땅으로 떠난다고 하던 날, 선물을 고대하던 코흘리개들도 왠지 모를 슬픔에 코끝이 시큰거렸다.

언니가 고국을 떠난 지 사십여 년의 세월이 흘렀다. 땅도 물도 사람도 낯선 곳에서도 동생들의 뒷바라지를 잊지 않았다. 그는 불모의 땅에서 역전의 삶을 일구어내는 들풀과 같은 삶을 살았으리라. 세찬 바람에 맞서 억센 줄기를 벋어 가는 들풀과 같은 생을 꾸려왔으리라. 남편과 세 자녀를 거두어가면서 맏이로서의 책임을 떨치지 못하였다. 두둑한 돈 봉투를 거머쥔 어머니의 손은 가늘게 떨렸고 아린 가슴은 시리다 못해 해져 구멍이 났다. 어머니는 가슴 한편에 그리움의 방을 지었다. 그 방엔 흘리지 못한 눈물과 쌓인 그리움이 소리 없이 일렁이고 있었다.

그런 딸이 꿈에도 그리던 고향을 다니러 온다는 소식이다. 어머니는 여러 날 잠을 설쳤다. 주인과의 만남에 빈방도 묵은 먼지를 벗고 새 단장을 서두른다. 노모는 굽은 허리가 아픈 줄도 모르고 하루에도 몇 번씩 장을 들락거린다. 하지만 마음은 하늘을 나는 듯 가볍다. 고향 생각이 날 때마다 매운 비빔밥으로 향수를 달랜다는 언니의 이야기에 따라 고향에서만 맛볼 수 있는 매콤한 고추장 비빔밥을 하기로 하였다. 묵은 고사리와 도라지와 콩나물을 다듬고 삶아 고소한 참기름에 조물조물 무쳐내는 손이 행복하기만 하다.

기다림이 길었던 만큼 만남은 짧았다. 꿈만 같은 시간은 너무도 빨라 바닥에 채 닿기도 전에 사라지는 이른 봄 눈과 같았다. 마침내 딸은 떠나고 텅 빈 자리만 공허한 그림자로 어른거렸다. 사랑이 떠난 자리에 사랑보다 더한 그리움이 남을 줄이야. 딸과의 극적인 상봉은 이별로 끝나고 이별은 채우지 못할 아쉬움을 남겼다. 그런 어머니가 움직일 때마다 가슴에서 공명의 소리가 나는 것 같다. 숨을 내쉴 때마다 어디선가 쉬쉬 헛바람이 새어 나온다. 새가 떠나고 빈 둥지를 품은 나무가 실바람에 휘청이듯 자식이 떠나고 헐거워진 몸집은 바람만 스쳐도 넘어질 듯 비틀거린다. 재회의 기쁨이 컸던 만큼 헤어짐의 아픔은 깊어 그 회복마저 더디다.

아이들이 자라면서 우리 집에도 하나둘 빈방이 늘어간다. 아이의 체취가 물씬한 방과 손때가 도장처럼 찍힌 가구와 물건, 아무렇게나 걸쳐진 옷가지, 읽다 만 책과 낡은 가방, 활짝 웃는 사진에서 아이를 만난다. 그 방은 외지로 떠난 아이를 떠올리며 그들의 평안을 기원하는 나만의 장소가 되기도 한다. 나 또한 어머니가 되었고 오늘도 습관처럼 추억의 자리를 서성인다.

사람은 가도 약속은 남았다. 이별은 새로운 만남의 시작이라던가. 딸은 이별을 슬퍼하는 어머니의 귀에 대고 곧 돌아올 거라는 약속을 남겼다. 떠나면서 노환에 시달리는 어머니에게 한 줌 보약과도 같은 기다림이란 선물을 안겨주었다. 설사 지키지 못할 약속이라도 기다림은 희망이란 무궁한 꽃을 피우게 할 테니까. "진정한 믿음과 진정한 사랑과 진정한 희망은 바로 기다림 속에 있다."라고 시인은 노래하지 않았나. 어머니는 약속의 땅이 마를세라 날마다 물을 주며 꽃이 피어나기를 기다린다.

작가 스트랜드는 에드워드 호퍼의 마지막 걸작인 <빈방의 빛>에서 떠남과 머무름의 역설을 읽는다. 빈방은 떠나도 떠날 수 없는 것으로 채워져 있다. 누군가를 기다리는 듯 방은 고요 속에서 수많은 이야기를 나눈다. 만남을 예감이라도 하는지, 빛은 밤새 차가워진 방을 예열시키려 이른 아침부터 창을 수없이 들락거린다. 빈방은 기다림이란 희망을 불씨처럼 품고 살아간다. 만남과 이별이 교차하는 빈방엔 적막과 설렘이 들숨과 날숨처럼 이어지고 있다. 빈방은 숨을 멈추지 않는다. 한숨이라도 멎어버리면 마침내 삶도 끝나고 말 것이라. 빈방엔 설렘과 두근거리는 심장 소리가 있다. 빛은 해시계를 따라서 온방을 휘돌아본다. '돌아오라, 너의 이야기를 밤새 들어줄 준비가 되어있다.'라며 속삭이는 듯하다. '하얀 식탁보 위에 향기로운 꽃을 꽂고 너를 위해 맛난 음식을 준비해 두었다.' 창을 달구는 햇살도 불을 높이 들었다.

어머니의 빈방. 살아가는 동안 어머니의 빈방은 얼마나 될까. 자식의 수만큼이나 빈방을 지니고 있을 당신의 텅 빈 가슴을 생각한다. 자식이 태어나면서 허물처럼 벗어놓은 껍질은 모든 어머니에게 영원한 모성으로 깃들어있을 것이다. 빈방은 언제까지나 돌아올 사람을 기다린다. 돌아올 때까지 기다린다. 어쩌면 기다리는 기쁨으로 일생을 하루 같이 살아가는 어머니가 아닐까. 기다림은 마침내 반가운 소식으로 맺기도 하지만 기다림으로 끝나버리기도 할 테지. 하지만 기다림이 있는 모성의 얼굴에서 거두어지지 않는 희망의 빛줄기를 읽을 수 있다.

어머니는 오늘도 물으신다. "네 언니가 가면서 뭐라 하더노?" 당신이 살아야 할 이유를 다시금 상기시킨다. 창백한 얼굴에 핏기가 감돈다.

스테이크와 김치찌개

　반쪽 식탁을 차린다. 각자 조반을 준비한다. 한쪽에서는 계란 야채 샌드위치와 블랙커피에 과일을 곁들이고 또 다른 쪽에서는 잡곡밥과 김치찌개와 나물무침에 숭늉이 있는 조반상이다.

　같으나 다른 너와 나. 부부는 같은 식탁에 앉아 다른 식사를 한다. 따로 하지 않으나 따로 하는 식사다. 흔치 않은 광경일 터이다. 하지만 우리에게는 이러한 식생활이 유별스럽지 않은 일상이다. 각자의 기호에 따른 상차림이라 먹거리 재료를 선별하는 장보기부터 요리와 상차림까지 취향대로 알아서 챙기고 준비한다. 한 식탁에 두 국적의 메뉴가 차려진다. 일테면 간편 서양식과 토종 한식이 한 상에서 맞짱을 뜨는 격이다. 짜지 않고 담백한 음식을 선호하는 남편이다. 그런 남편은 아침 댓바람부터 풍겨대는 김치찌개 냄새에 칠색 팔색이다. 역겨운 냄새가 온 집에 배어들기라도 하는 양, 날이 춥건 말건 집안의 창과 문을 죄다 열어젖히며 법석이다. 하나 어찌하겠나. 속을 개운하게 씻어주는 김치찌개와 땡초된장찌개는 내가 가장 애호하는 식메뉴인 것을.

그동안 한 상을 위한 나름의 노력을 하지 않은 것은 아니다. 하지만 수십 년간 굳은 식성을 하루아침에 돌려놓기란 그리 수월한 일이 아니었다. 남편의 식단을 따르느라 아침부터 마른입에 샌드위치를 욱여넣다시피 하였으나 영 속이 편치 않았다. 헛배가 차오르는가 싶더니 온종일 속이 더부룩하니 개운치 않았다. 중요한 것은 먹어도 먹은 것 같지 않다는 것이다. 매콤한 국물이 더욱 간절하였다. 결국 김치 몇 조각으로 뒤숭숭한 속과 텁텁한 입맛을 달랠 수밖에 없었다. 며칠 뒤 밥과 국과 나물을 두고 앉은 남편도 별수 없었다. 몇 술 뜨는가 싶더니 수저를 놓고 밥상을 물렸다. 작심한 지 겨우 이틀 만에 두 손 들고 마는 게 아닌가. 하여 각자의 취향대로 하루 세 끼 가운데 조반만큼은 개별 식단을 갖기로 묵언의 합의를 하였다.

극과 극이 만나다. 식성만큼이나 삶의 방식에서도 소수의 교집합조차 찾지 못한 두 사람이었다. 가야 할 길이 실로 아득하게만 보였다. 펼쳐질 대항해의 행로가 그다지 순조롭게 느껴지지 않았기 때문이다. 춤추듯 넘실거리는 물결에 고요한 파도와 윤슬 물빛만 찬란할 인생이겠나. 쉴 사이 없는 바람에 굽이치는 풍랑과 고비의 인생길, 두 마음을 모아도 쉽지 않을 길이건만.

　길은 순조롭지 않았다. 잡은 손을 놓지 않으려 때론 주먹을 움켜쥐어야 했다. 하나 한고비 파고를 넘어서니 또 다른 물결이 집채 만 한 너울로 달려드는 게 아닌가. 팽팽한 기싸움이 반전에 반전을 거듭하였다. 냉전과 열전이 반복되었다. 허기사 극 O형 여자와 극 A형 남자와의 만남은 처음부터 예사롭지 않았다. 모난 곳이 닿을 때마다 깨어지는 소리가 요란하였다. A형 남자는 매사에 허당이고 마무리조차 유야무야 하는 O형 여자의 끝도 없는 뒷수발에 지쳐 갔다. O형 여자는 유연성 없는 A형 남자의 좁아터진 소갈머리와 타협과 절충을 모르는 외고집 불통이 가슴을 옥죄어 왔다. 사고선을 타는 남자와 감정선을 타는 여자는 접점을 찾지 못한 좌표 속 외떨어진 점이었다. 서로 만나지 못할 평행선을 그었다. 충혈된 눈은 상대를 노려보았다. 먼저 고개 숙이고 교집합 속으로 순순히 걸어오기를 바랐다. 하나 두 포물선의 간극은 좁아지기는커녕 커져만 갔으니. 합의점을 도출할 것인가 각자의 방향으로 자유를 선언할 것인가 하는 갈등의 날이 지속되었다. 너와 내가 우리가 되기까지는 겹겹 주름만큼 긴 세월이 흘러야 했다.

생일날이었다. 특별한 날에 걸맞게 분위기 좋은 곳으로 가기로
하였다. 아들은 음악이 흐르고 탁 트인 바다 뷰를 자랑하는 레스
토랑을 예약해 두었다. 토종 입맛이 모처럼 외도하는 날이다. 재
즈 음악이 흐르고 장미꽃이 있는 하얀 레이스 식탁에 양식 코스
요리가 하나씩 차려졌다. 양송이 수프와 빵과 샐러드에 이어 미
디엄 스테이크가 나오고 매너 있는 직원이 따라주는 보르도 산
레드 와인을 마시며 그날의 주인공답게 우아하게 식사를 마쳤다.
하지만 나는 무언가 허전함을 숨길 수 없었다. 하는 수 없이 돌아
오는 길모퉁이에 차를 세워야 했다. 김밥 두 줄로 못다 채운 허기
를 달래야 했으니. 허한 속으로는 아무래도 숙면을 이룰 수 없을
것 같았기 때문이었다.

　미각도 천성적으로 타고난 것이라. 하루아침에 뒤바뀌어질 습
성이 아니다. 천지개벽을 바라서도 안될 것이다. 오랫동안 길들
여진 내 입맛이 소중한 만큼 상대의 취향도 존중되어야 할 것이
라. 다름을 인정하고 받아들이기로 한다. 하여 서로 다른 행성에
서 온 두 사람은 공존의 '우리'라는 세계를 열어가기로 합의점을
도출하였다. 나이프와 포크로 스테이크와 샐러드를 먹고 커피로
입가심하는 남편의 맞은편엔 공깃밥과 땡초의 알싸한 향이 어린
김치찌개와 숭늉으로 속을 무장 해제하는 내가 있는 것처럼.

이른 아침부터 야채 씻는 소리, 그릇 소리가 분주하다. 아침형 식사 준비가 한창이다. 빵을 데우고 계란을 삶고 과일을 씻고 커피 물을 올린다. 반쪽 식탁이 차려진다. 뒤이어 저녁형 식사가 준비된다. 시간과 정성과 마음까지 깃들어야 하는 한식이다. 불려둔 쌀을 안친다. 밥이 끓고 뜸이 들 동안 찌게 거리를 손질한다. 다시물에 묵은 지를 넣고 끓인다. 콩나물을 맵싸하게 무친다. 혼자 먹어도 기본 삼 첩 밥상이다. 창을 열어 환기를 시킨다. 상대를 위한 조금의 배려가 기분 좋은 날로 환기되기를 바라면서.

언제 먹어도 물리지 않는 신토불이 식단을 나는 사랑한다. 또한 자극적이지 않으면서 풍미에 영양도 두루 갖추고 조리와 뒷마무리까지 간편한 서양식도 사랑스럽긴 마찬가지다. 동, 서양이 어울리는 화목 밥상이다. 따로 하여도 같이 하는 우리, 식후 나란히 장을 향한다. 남편은 신선한 나물거리를 찾아 골목을 누비고 나는 막 구운 빵 냄새가 고소한 베이커리로 걸음을 옮긴다. 서로의 먹거리를 살피느라 여념이 없다. 하나씩 늘어가는 교집합을 느낀다.

공갈빵

   공갈이 부끄럽지 않다. 외려 자랑스러워하는 것 같다. 공갈빵은 공갈을 공격의 주 무기로 내세우니까. 겉바속촉의 대명사로서 오늘도 사방을 향해 통 큰 공갈 펀치를 날려 보낸다.

   공갈을 공갈이라 하니 진정한 공갈은 아닐 성도 싶다. 군살 없이 미끈하고 날씬한 몸매가 대세인 이즈음, 터질 듯 빵빵한 몸집을 자랑스레 드러내는 공갈빵이야말로 배포 두둑한 뚝심의 빵이 아닐는지. 오색 과일과 각양각색 꽃으로 데코레이션 하고 깊은 풍미와 명성에 걸맞은 품격까지 두루 갖춘 빵과 과자를 죄다 물리치고 제과점 진열대 중심 자리에 오를 수 있었던 것은 그만의 독특한 매력과 누적된 내공 때문일 터이다. 과거의 초라함은 잊었다. 속 빈 강정같이 하잘것없고 실속마저 없는, 빵인지 과자인지 가늠하기 어정쩡한 버블 인생이 화려한 이력으로 중무장한 해외 유학파들과 대등한 자리에서 맞짱을 뜬다. 초라한 행색에도 불구하고 여 보란 듯 제과점 센터를 턱 하니 꿰차고 앉았다.

빵 익는 냄새가 짙어가는 카페의 정오, 행주치마에 손을 훔친 여인들이 진한 에스프레소 향을 따라 줄지어 섰다. 볕 좋은 창가에 중년의 곤한 하루를 부려놓으려 한다. 하릴없는 수다가 할 일 많은 그네의 소중한 휴식이자 재충전의 동력이다. 한 가정의 주부이자 아내이자 엄마이자 딸로서, 다중 역할에 반백이 넘도록 정지선 없는 길을 달려온 삶이다. 여인들의 낡고 해진 치맛자락에서 아스라한 낭떠러지를 굽이굽이 헤쳐 지나온 세월의 냄새가 난다. 생명 모체로서 마디마디 진액까지 흘려보낸 골수는 바싹 마른 공갈빵의 속과 다르지 않을 테다. 행여 바스러질까 조심스럽다. 하지만 모성은 텅 빈 속이 부끄럽지 않다. 외려 자랑스럽다. 지금은 메말라 풀 한 포기 피워내지 못할 사막 같은 가슴이지만 한때 수많은 꿈의 씨앗을 품어 가꾸었던 기름진 옥토가 아니었나. 내세울 것 없는 삶이라 하여도 우물 같은 자식 자랑을 할 때면 골진 주름 사이 진홍빛 노을이 들고 불모의 가슴에 아롱다롱 무지개가 피어나는 것을 볼 수 있다.

빵에 울고 웃는다. 아줌마들의 빵은 다소의 허세와 거드름은 있을지언정 남을 해코지하려는 저의는 없다. 바닥까지 훤히 드러나는 농담쯤으로 여겨진다. 그래서 사랑스럽다. 더구나 자식의 일이라면 갑절의 풍과 뻥 일지라도 맞장구치며 응수해 주는 여유도 있다. 아삭 바삭한 공갈빵보다 고소하고, 찹쌀 도넛보다 쫀득하고 찰진 입담으로 슬픔마저 웃음으로 치환하는 저력으로 구비진 인생 고비길을 넘어섰다. 자궁에 배아가 싹튼 순간부터 바람구멍 난 가슴을 메울 사이도 없이 끝 모를 길을 내달려야 했다. 바람 소리 나게 달리면 되는 줄 알았다.

공허한 가슴. 어린 죽순이 긴 인고의 시간으로 무성한 숲을 이루어내듯 대나무는 강건한 외피를 위해 내 안의 영혼까지 비워내는 고통을 감내하였을 것이다. 시련의 세월은 굵은 마디가 되고 그 마디를 딛고 어린 대는 폭풍처럼 자랄 수 있었으리. 올곧음을 생명으로 여기는 대나무, 오르다 지쳐 휘어진 사시랑이 끝자락이 허공을 휘휘 내젓는다. 하지만 손끝에 잡히는 건 흩어지는 바람뿐. 올곧게만 보이는 대나무도 채워지지 않은 그 무엇으로 밤새 사그락거린다. 연한 바람에도 흔들리는 공허한 가슴, 홀로 지새는 밤이 늘어만 가는 중년의 여인이다.

비어갈수록 바삭한 공갈빵. 제빵사의 손이 분주해진다. 하지만 혀에 감겨드는 메이플시럽의 달짝지근함도, 노릇하게 구워진 갈색 비스킷의 바삭거림도 잠시 찰나일 뿐, 먹어도 먹어도 채워지지 않는 허기를 앓는다. 공갈빵의 텅 빈 공란처럼 긴 세월 바람벽으로 살아온 내 삶의 종착지를 어렴풋이 떠올린다. 죽을힘을 다하여 다다른 절정의 고원엔 갈 곳 잃은 바람과 잡힐 듯 잡히지 않는 안개뿐이라는 것을. 하여 여인들은 오늘도 명치에 쌓인 공허와 허무를 속이 아프도록 게우려 한다. 살기 위하여, 생존을 위한 최선의 방책인 빈 쭉정이 같은 수다를 가장 격의 없는 자리에서 봇물처럼 쏟아내는 것이다.

'무'와 '유'. 삶에서 무와 유는 우주계의 음과 양처럼 서로를 떠나 존재할 수 없는 절대적 관계일 터이다. 아무것도 아닌 공갈빵의 텅 빈 공란이 껍질의 아삭 바삭한 맛을 살리듯 내 삶에 수없이 넘어지고 피 흘리고 절망하던 '무'의 시간이 지금 내 삶의 근간이 되었다. 그 시련과 고통의 뿌리로 나는 어떠한 강풍에도 넘어지지 않을 수 있었으니. 하니 일생에 있어 '무'란 시간은 존재하지 않을 터이다. 어쩌면 삶에서 아무것도 아니라고 치부하던 것들이 내 일생의 가장 의미롭고 유용한 일일지도 모른다. '유'인 줄 알았던 삶의 궁극이 '무'이듯 '유'를 꿈꾸며 흘린 땀방울과 눈물과 좌절과 절망이 유의미한 '유'인 것을. 깡 빈속과 바삭한 껍데기가 공갈빵의 독보적 맛을 탄생시키는 것과 같이 한 생애는 무와 유가 협치하여 이루어낸 이 세상 유일무이한 합작품이 아닐는지.

무의 반란. 알맹이가 쏙 빠진 껍데기의 반란이다. 눈이 어두침 침하고 귀마저 먹통에다 방금 들은 이야기도 가뭇없이 소각시키고 마는 얄팍한 기억 세포를 지녔을지라도 삶의 내리막길에서 또 다른 변곡점을 찾으려는 무들의 행진은 오늘도 계속되고 있다. 적을 알고 나를 알면 백전불패라. 생의 반환점에서 되돌아 헤아릴 수 있다면 무엇인들 불가하랴. 무의 역공이 되살아난다. 잠잠하다 심상치 않을라치면 간단없이 일어나는 결단과 용기도 있다. 무엇보다 아직도 하찮은 쭉정이를 알곡처럼 여겨주는 사람이 있다니, 그동안의 삶이 일말의 효용가치도 없는 허울 좋은 껍데기만은 아닌 것 같다.

　무는 희망의 공란. '무'란 무한한 가능성을 내포한 희망의 공란이 아닌가. 무는 아직도 빵빵한 꿈에 부풀어 있다. 무는 유를 도움 발 삼아 시간의 벽을 훌쩍 뛰어넘는다. 공갈빵의 여백이 아삭거린다. 공백의 반란이 시작되었다. 바야흐로 무의 시대가 도래하였다.

고래의 눈물

    고래가 운다. 슬픔과 두려움에 찬 울음소리가 너울을 타고 아득한 수평선을 넘는다. 사라져 간 것에 대하여, 그리움에 대하여 등대는 아무런 말이 없다. 단지 저물어가는 바다를 안타까이 바라볼 뿐이다.

    고래의 고향을 찾았다. 경북 영해군 영해면 대진리의 대진해수욕장과 병곡면 고래불 대교를 지나 덕천 해수욕장과 고래불 해수욕장을 끈처럼 이은 동해안 명사 이십 리 해변 길을 우등 치는 파도 소리와 나란히 걸었다. 곰솔을 병풍으로 두른 바다는 새벽안개 너머로 출렁이는 물결 소리만 전할 뿐, 제모습을 드러내지 않았다. 동해 먼바다는 고래가 집채만 한 너울성 파도를 타고 놀던 곳이다. 고래불은 고래가 뛰어놀았다 하여 지어진 이름이다. 상대산에서 건너보는 바다는 은빛 가루를 흩어놓은 듯 점점이 눈부시었다. 하얀 물을 내뿜고 물장구치며 놀던 고래 가족들은 모두 어디로 가버렸나. 고래등대 전망대가 눈 쌓인 봄 산을 가없이 바라본다. 출렁이는 물결 따라 정처 없이 떠돌고 있을 고래. 행여 돌아올 길을 잃어버린 건 아닌지, 등대는 늦도록 불을 끄지 못한다.

고래가 사라졌다. 푸르른 지느러미를 반짝이며 공중을 향해 원대한 포물을 그리던 생기 찬 활기도, 하늘을 진동하던 중저음 노랫소리도 피지 못한 꿈과 함께 해저 속으로 묻혔나. 화살 같은 날렵함도, 해를 띄우던 일곱 빛깔 무지개 꿈도 물거품이 되었나. 고래는 눈앞에 펼쳐진 걷잡을 수 없는 재앙과 폭력 앞에 결국 무릎을 꿇고 말았으리라. 갈수록 포악해지는 인간의 횡포에 수십 세기에 걸쳐 해양을 주름잡던 제왕의 자리를 내놓을 수밖에 없었을 것이다.

바다가 앓는다. 인간의 버려진 양심에 바다가 앓는다. 모랫바닥에 기대면 바다의 신음 소리가 들리는 듯하다. 문명의 이기와 몰지각과 몰염치가 부려놓은 삶의 부산물이 바다를 돌이킬 수 없는 세계로 몰아간다. 새도 어류도 병든 바다와 함께 시름시름 앓고 있다. 생각 없이 내 던진 쓰레기와 오물 덩이, 선박이 내지른

기름띠로 해양은 병들어간다. 살아있는 것들은 살기 위하여 바다를 떠난다. 하여 좀 더 안전하고 평화로운 곳을 찾아가는 행렬이 줄을 잇는다. 생존을 위협하는 것들로 바다는 더 이상 번식하고 자라날 안전지대가 아니니까.

삶의 터전을 잃다. 삶의 터전을 잃은 어류들이 얕은 물가를 겉돈다. 조류에 휩쓸려 해안가로 떠밀려온 어패류가 흑갈색 아가미를 들썩이며 가쁜 숨을 몰아쉰다. 버둥거리다 더러는 절망의 늪에서 헤어 나오지 못하고 더러는 수면 위로 흑빛 아가미를 헐떡이고, 이미 질식한 것들은 허연 배를 드러내고 누웠다. 청정을 자랑하던 생명의 바다가 헤어 나오지 못할 늪지가 되었다. 고래 허파는 부풀대로 부풀어 뿌리 없는 부초처럼 수면을 떠다닌다.

고래는 사람이 두렵다. 고래는 사람이 지배하는 세상이 두려운 것이다. 고래가 위기와 고독의 세월 속에서 세대를 끊이지 않을 수 있었던 것은 무엇보다 기쁨과 슬픔을 나누어 가질 친구가 있었기 때문일 테다. 망망대해 고적함 속에도 그들만의 감각과 주파수로 마음을 주고받을 수 있었을 테니까. 지금은 그마저 허락되지 않는다. 인간을 향한 무기가 고래의 삶을 파괴하고 해체하였다. 대형 선박의 엔진 소리와 군사용 음파 탐지기인 '소나'의 주파수는 바다의 고요와 평화를, 그 무엇보다 그들만의 사랑과 행복을 한순간에 깨뜨렸다. 소음은 차단과 단절의 벽이 되었다. 공존하는 소통의 바다를 무원고립의 세계로 내몰아갔다. 고래는 극도의 긴장과 피로 속에 밤잠조차 이룰 수 없었으리. 몸도 마음도 병들어 가는 고래, 고래는 더 이상 노래하지 않는다. 춤추지 않는다. 도피의 항해만이 유일한 생존의 길이란 것을 직감한 고래, 삶을 지키려 목숨 건 탈출을 할 수밖에 없었을 터이다. 인류의 평화가 돌아오지 않는 한 수중 초음파의 진동은 멈추지 않을 것이고.

위기의 바다. 선박과 선박이 무력 충돌하고 사람과 사람의 싸움에 고래의 삶도 무너져 내린다. 빗발치는 포화 속에 고래 가족이 떼죽음을 당한다. 인간의 야욕에 청정바다는 생명이 발붙일 수 없는 사해가 되고 죽음의 바다에서 고래가 소리 없는 아우성이다. 바다가 검붉다. 고래의 혈흔이 바다를 검붉게 적신다. 혹등고래의 참혹한 눈물이 오대양을 울린다. 바다는 오랜 친구를 잃었다. 전설의 왕이 초라한 죽음을 맞는다. 쓰러져 가는 고래의 눈동자에 어린것들이 어른거린다. 파도는 슬픔의 흔적을 지우려 하지만 그 슬픔은 지워지지 않는 상처로 아로새겨질 것이다. 자연은 인간의 동반자요 스승이라 하였다. 하여 바다의 위기가 곧 사람의 위기라는 것을. 파도는 하늘을 향해 소리친다. 듣지 못하는 사람을 위해 큰소리로 울부짖는다. 공존하는 세상이라, 너와 나의 세상이 우리들의 세상이라고. 바다는 엄중히 경고한다, 바다의 멸망이 모두의 멸망을 초래할 것이라고.

　봄을 꿈꾸다. 폭풍의 언덕을 굽이굽이 지나니 저 너머로 아스라이 훈풍이 불어오는 듯하다. 바다는 고래가 고향으로 돌아올 날을 기다린다. 봄이면 젖은 땅을 말리는 꽃바람에 굽은 마음도 펴질 것이라. 사람들은 옥빛 바다를 보며 회한에 젖는다. 겨우내 묶었던 그물을 바다에 띄우고 어질러 놓은 오물과 쓰레기를 거두어들인다. 봄 바다에 화해의 물결이 넘실거린다. 바다가 파랑의 물결을 소녀의 단발머리처럼 찰랑거릴 때면 고래가 꼬리지느러미를 깃발처럼 세우며 고향으로 달려올 테지. 그리고 기쁨으로 환호하며 반기는 사람을 향해 멋진 점프와 물풍선으로 화답하겠지. 고래가 쏜 일곱 빛깔 무지개는 오대양 육대주를 하나로 잇는 화해의 다리가 되리라.

　화해의 손을 내밀다. 사람과 사람 사이에 사랑의 물결이 넘실거리는 날, 고래는 비로소 외롭고 고달픈 항해의 마침표를 찍을 것이다. 중저음 나팔 소리가 수면에 울려 퍼지는 날, 사람들은 용서와 화해의 손을 내밀 것이다.
　우리는 기다린다. 고래가 쏘아 올릴 평화의 신호탄을.

이면을 읽다

    나는 요즘 핫한 프로그램에 푹 빠졌다. 인간의 한계를 텀블링 하듯 훌쩍 뛰어넘는 가수들의 묘기에 가까운 춤과 율동, 혼을 심은 노래를 들으며 그들이 펼치는 상상 이상의 공연에 온통 마음을 빼앗긴다.

    숨은 노고를 읽다. 신들린 듯한 공연이었다. 감정을 뒤흔드는 노래는 물론이고 곡예를 하듯 뛰어 굴리다 못해 마치 새처럼 공중을 자유로이 넘나드는 그들의 초월적인 무대가 경이롭기까지 하였다. 그것은 인간 한계에 대한 극복이자 도전이었다. 불가능을 가능으로 바꾸어놓은, 가공할 무대를 위해 뼈를 깎는 노력이 선행되었을 것이다. 환한 웃음 뒤 숨은 눈물의 시간에 나도 모르게 눈시울이 젖는다. 한때 뮤지컬 배우를 꿈꾸던 아들을 통해 한

컷의 무대를 위해 흘려야 하는 땀과 눈물의 양이 얼마큼인지 잘 알기 때문이다. 뮤지컬은 노래와 춤과 연기까지 통합한 종합예술의 장르다. 어느 것 하나 소홀할 수 없다. 강도 높은 훈련으로 인대가 상하고 뼈가 다치고 군데군데 멍자국이 지워질 틈이 없었다. 근육을 다쳐 더 이상 훈련을 할 수 없을 때 실의에 빠진 아들을 지켜보는 부모의 마음은 아들만큼 무거웠다. 하여 화려한 조명이 비추이내지 못한 눈물 자국이 나에겐 너무노 선명하게 보였다. 기적은 없었다. 천둥과 번개와 비바람과 중천의 열기와 칠흑의 밤을 무수히 견뎌낸 나무가 꽃을 피우듯 쓰디쓴 인고의 시간만이 다디단 열매를 맺을 수 있으니.

이면을 읽다. 언제부턴가 나는 직접 보고 듣고 만지고 맡는 일차적인 감각보다 오감과 육감을 뛰어넘는, 감각 너머의 의미를 읽으려 한다. 나이만큼의 연륜과 경험 때문인가. 감지할 수 없는, 가녀린 촉수의 흔들림에 마음 끌린다. 백 마디 말보다 따스한 눈길에 마음이 간다. 언어의 주파수보다 비언어가 주는 고요와 정적에 쏠리고 있다. 특히 그중에도 나는 손에 대하여 지나치리만큼 각별하다. 손을 과신한 나머지 한때 이율배반적 결과에 실망한 적도 있었지만 아직도 나는 손이 지어내는 그 모든 것들을 허투루 여기지 않는다.

손이 전하는 말. 누군가 그랬다. 사대육신 중에 주인의 팔자를 가장 적나라하게 살아주는 게 손이라고. 사람의 이면을 읽을 수 있는 손, 손은 침묵 속에 수많은 것을 전한다. 적어도 내겐 그렇다. 하여 처음 사람을 만날 때 악수를 청한다. 맞잡았을 때 느껴지는 감촉으로 지난날을 어림잡기도 한다. 부연 설명이 필요치 않다. 눈은 속여도 손은 거짓을 말할 수 없다. 손이 지나온 삶의 여정이고 도장이고 증거가 되기도 하니까. 하여 얼굴보다 손을 신뢰한다. 곱고 매끄러운 손보다 투박하고 굳은살이 옹이처럼 배인 손에서 삶의 진솔한 냄새가 난다. 그날도 예외가 아니었다. 초면인 그에게 손을 내밀었다. 근사한 복장을 갖추고 연 매출이 고공행진 하는 성공한 기업가의 손은 수세미처럼 거칠었다. 나락에 빠진 회사를 피땀으로 지켜내었다고 하였다. 재기에 성공하기까지 날카로운 기계 소리를 베개 삼아 공장 한편에서 새우잠을 청하며 주야 없이 일하던 손, 손은 거짓이 없었다. 정직하였다. 산처럼 쌓인 빚을 모두 청산하고 굴지의 기업을 이루어낸 손엔 굳은살이 증표로 남아 있었다. 성공의 이면엔 좌절과 실패와 눈물과 피땀의 시간이었다. 무엇보다 손의 노고가 있었다.

내면을 읽다. 심층의 해독과 분석이 정신의학보다 중요시되는 곳도 없을 것이다. 정신 분석학의 창시자 프로이트는 정신 심리 질환의 진단과 치료를 위해 먼저 의식의 이면, 즉 잠재된 무의식의 세계에 초점을 두었다. 꿈과 자유연상 등을 통해 의식의 통제 속에 가려진 심리와 욕구를 들추어내는 그의 분석학적 이론은 정신 질병의 진단과 치료에 많은 영향을 주었다. 즉 이면을 제대로 읽어내는 것이 문제 해결의 첫 단초 이자 치료의 향방을 결정하는 핵심 과정이었다.

  마음을 읽나. 나는 성신과 임상 실습을 하면서 갖은 환청과 망상에 시달리는 환자들을 만날 수 있었다. 외부와 담을 쌓은 채 온종일 면벽하는 자폐증과 감정이 소용돌이치는 조울증과 환각 증세의 조현병 등으로 마음을 앓는 사람들이었다. 꾸준한 대화와 상담을 통해 꽁꽁 감추어져 그들조차 알지 못하는 내면의 문제를 읽어내어야 했다. 바위처럼 마음을 짓누르는 것이 무엇인지. 그 돌을 들어내어 훨훨 가벼워진 그들이 웃으며 그리운 가정으로 돌아갈 수 있도록 도와주고 싶었다. 시간이 지나면서 무쇠 같은 마음이 녹기 시작하였다. 우리는 해결의 실마리를 거머쥔 양 의기양양하였다. 하지만 그것이 끝이 아니었다. 정든 우리와의 헤어짐이 극단의 슬픔을 불러올 줄이야. 그때 우리는 또 다른 이면을 돌보지 못한 초보 간호사에 불과하였으니. 이별의 상처가 그리 깊을 줄 몰랐다. 웃음 뒤 눈물을 읽지 못하였던 것이다. 헤어질 때 밝게 웃던 20대 조울증 환자의 부고장을 받기까지는.

디자인 분야의 유명 칼럼니스트인 케이티 캘러허의 책『아름다운 것들의 추한 역사』에서 거울, 꽃, 보석, 향수, 실크 등 전 세계인의 관심과 사랑을 받으며 소비심리를 주도하여 온 아름다운 물건들의 이면엔 어둡고, 추하고, 비밀스러운 역사가 숨겨져 있다고 하였다. 저자는 말하였다. 참을 수 없을 정도로 아름다운 것을 발견할 때마다 그것을 자세히 들여다보라고. 환호하는 웃음 이면의 숨겨진 눈물과 고통을 읽을 수 있어야 한다는 것이다. 불꽃이 폭죽처럼 터지는 화려한 축제와 환호성 뒤에 화약 연기로 병들어가는 소년, 소녀 가장의 서러운 눈물이 있는 것처럼 말이다.

　숨은 뜻을 읽다. 모처럼 찾아온 자식들을 가서 쉬라며 등 떠미는 백발의 주름 속에서, 오지 않아도 된다며 손사래 치는 마른 손등에서 겉과 다른 이면을 읽는다. 보고 있어도 보고 싶은 어미의 자식 사랑이 어련할까. 하지만 간절한 마음과 달리 어깃장 지는 말이라니. 그런 엄마는 시모의 속을 읽지 못한 올케로 만성 속앓이 중이시다. 오지 말라는 인사를 곧이곧대로 따르는 며느리이니. 세월이 지나도 끝나지 않은 갈등이다. 본심을 강조하는 역발상적 표현을 널리 해석하지 못한 고부지간의 소통 오류인 것만 같다.

꽃보다 꽃그늘. 이순을 지나니 심안이 깊어가는 건지 꽃보다 꽃그늘에 시선이 머문다. 웃음에서 눈물이 보이고 분노에서 슬픔이 헤아려진다. 오늘도 나는 채널을 고정한다. 신들린 노래와 춤에 흥이 절로 난다. 휘황한 불빛에 가려진 눈물과 피땀 어린 시간에 박수를 보낸다. '흥해라. 고독과 좌절을 이겨낸 승리의 용사들이여.'

창 이야기

　새가 차디찬 바닥에 떨어졌다. 낙동강 너머 소규모 농촌학교에 근무할 때였다. 근처 숲을 날다 길을 잘못 들어선 새가 학교 복도로 날아들었다. 당황한 새는 출구를 찾아 우왕좌왕하더니 투명한 창에 머리를 부딪고 말았다. 새는 창에 비치는 숲을 그대로 믿고 나아갔던 것이다.

　창을 열다. 아이들은 약속이나 한 듯 교실과 복도에 있는 창이란 창은 모두 열어 새가 가족이 있는 숲으로 돌아가기를 한마음으로 응원하였다. 하지만 당황한 새는 교실과 복도 사이를 오가며 허둥거렸다. 그러다 제풀에 지친 새는 가까스로 출구인 창을 찾았으나 닫힌 유리 벽에 부딪혀 그만 바닥에 떨어지고 말았다. 아이들은 깊은 탄식과 함께 울음을 터뜨렸다. 눈먼 새에게는 창이 가로막힌 벽이요 넘지 못할 장애물이요 헤어 나오지 못할 함정이었다. 하지만 창은 벽이 아닌 것을.

창과 문. 꼭 막힌 벽에 문과 창을 낸다는 건 서로 오갈 수 있도록 길을 터놓겠다는 뜻일 터이다. 너와 내가, 안과 밖이 단절이 아닌 연락과 소통을 하겠다는 의미일 테다. 주도적이며 분명한 의지를 지닌 문과 날리 창은 다소의 수용을 허용하는 문이다. 닫는다 하여 닫히지 않을 창이 아닌가. 문이 통제를 위한 것이라면 창은 발을 들여놓을 수 있도록 마음의 빗장을 슬며시 풀어놓은 상태다. 닫힌 창으로 해와 그림자와 별빛과 달빛과 바람 소리와 오가는 발자국 소리와 빛과 어둠이 무시로 드나들고 있으니까.

창은 두 세계를 잇는다. 안과 밖을, 좌와 우를, 이쪽과 저쪽을 하나로 이어준다. 공간은 창을 통하여 무한정 시야를 확장하기도 한다. 창은 거짓이 없다. 가감 없이 드러내는 솔직함도 있다. 오점과 허점까지도 숨기지 않는다. 건물의 얼굴이요 표정이 되기도 하는 창이다. 창을 통해 한 지역의 숨겨진 내력을 들추어보기도 한다. 창의 형태와 구성과 방향과 장식 등으로 지역의 자연과 문화의 특성과 건물의 내력을 유추하는 쓰카모토 요시하루는 세계 28개국을 답사하면서 만나게 된 여러 가지 창들의 이야기를 그의 저서『창을 순례하다』에 담았다. 그는 창문이 건물의 표정을 드러내는 가장 큰 요소라고 전한다. 언어 이전의 단서가 바로 창이라고 역설하였다.

창으로 전하는 삶의 이야기. 에드워드 호퍼는 두 세계의 경계물로 창을 주로 이용하였다. 투명한 창을 통하여 안팎을 들여다본다. 창에 비치는 안과 밖의 풍경으로 어둠과 빛의 세계를 대비시켰다. "그림을 멋지게 그리는 것보다 인생과 자연의 모습을 완전히 때로는 조금 에둘러서 보여 주는 게 중요하다."라고 말한 사실주의 화가 에드워드 호퍼는 그의 대표 작품 <밤을 지새우는 사람들>과 <밤의 창문>, <뉴욕의 밤> 등으로 빛과 빛이 동반하는 어둠을 전한다. 창에 굴절된 빛을 통해 빛과 그늘이 함께 하는 삶, 어느 한 곳도 피할 수 없는 삶에 대하여 이야기한다. 그는 삶이란 완전한 빛도 어둠도 아닌, 완전한 기쁨과 슬픔이 아닌, 빛과 어둠이, 기쁨과 슬픔이, 대립과 공존이, 행복과 불행이 함께하는 것이라 말하는 것 같다.

창은 문이 아니다. 창을 문이라 한다면 누구나 기웃거릴 수 있는 누드 문이 아닐지. 가린 듯 가려지지 않은, 그렇다고 도발적인 노출이나 은밀한 속까지 내보이지는 않는다. 사람들은 부끄러운 창에 옷을 입힌다. 아름다운 물결 수 무늬 망사 커튼을 속치마로 두른다. 커튼에 가려진 창문엔 그림자 같은 실루엣만 보일 듯 말 듯 어른거리니 성급한 남자로 하여금 애간장을 태우게도 한다. 호기심을 유발하는 창이다. 창은 중천의 강렬함보다 해 질 녘 수평 너머로 점점이 번져가는 노을과 같은 신비로움을 택하는 것 같다.

　창이 전하는 단상. 창을 보니 까까머리의 풋사랑이 떠오른다. 며칠 동안 꼭꼭 눌러쓴 편지를 창틈으로 슬쩍 건네주던 밤, 단발머리는 창 너머로 기웃거리는 수많은 별을 보았다. 풋사과같이 새콤하기만 하던 우정인지 사랑인지 모를 풋사랑, 콩콩거리던 그날의 설렘은 사춘기 가슴에 마르지 않은 샘을 지었다. 또 하나, 큰아버지댁의 큰 방과 부엌 사이 벽을 튼 사각 창, 그 작은 창은 많은 것을 건네주었다. 따닥따닥 아궁이에 마른 가지 타들어 가는 소리, 나무 타는 냄새, 가마솥 뚜껑 여닫는 소리, 그릇과 그릇이 달각거리는 소리. 큰어머니의 흠흠 거리는 소리, 큰아버지 헛기침 소리가 창을 넘나들었다. 이윽고 해가 밝자 창이 열리고 그 창으로 갓 지은 밥과 국과 맛깔난 찬이 방으로 들여진다. 정성을 다한 조반상이 차려진다. 나는 아직도 직사각 창을 들락이던 큰아버지의 기침 소리와 깻잎이 자작거리는 소리, 보글거리는 된장찌개 소리, 장작 타는 소리가 고향의 그리움으로 남아있다. 세상에서 가장 따스한 소리를 전하던 창이었다.

　나는 집을 볼 때도 창을 우선으로 본다. 창은 건물의 중추 격인 심장과 같다는 생각이 들어서다. 소통과 환기와 채광이 순조로운 집이 무슨 일이든 막힘없이 술술 풀어질 것 같기 때문이다. 이사를 위해 아파트를 둘러볼 때도 창의 위치와 크기, 방향부터 확인하였다. 채광이 좋고 조망이 확 트인 집이 혈기도 좋고 건강해 보인다. 마찬가지로 뷰 좋은 카페가 대세다. 뷰와 맛, 둘 중 하나를 고르라면 아무래도 뷰를 택할 사람이 많지 않을까 싶다. 창이 그려내는 황홀한 풍광에 취해 커피 맛은 뒷전이 되고 마니까.

특별한 선물. 아들은 오션뷰를 노래하던 나에게 맞춤형 선물을 안겨 주었다. 전 면이 창으로 둘러싸인 스위트 룸을 예약해 두었다. 바다와의 하룻밤이었다. 창은 넓디넓은 바다와 백사장을 방으로 끌어들였다. 창을 넘나드는 파도 소리는 우리를 해변으로 불러내었다. 침실을 빙 두른 유리 벽은 오목렌즈처럼 저무는 해안선과 등대 불빛과 연인들의 소곤거림을 한 장의 화폭으로 침실 깊이 들여놓았다. 창은 폭풍우는 막아도 밀물 같은 그리움은 막아내지 못하는지. 늦도록 잠을 이룰 수 없었다. 평소 술을 마다하는 남편도 창에 걸린 노을에 취한 듯 자줏빛 와인을 몇 잔이고 비웠다. 내 안의 블라인드가 걷히고 있었다. 마음에 투명한 창이 만들어지는 순간이었다.

창이 전하는 것. 계절은 창으로 온다. 겨울 창가에 봄의 기척이 있다. 봄볕이 창을 기웃거리면 사람들은 못 이기는 척 일어나 커튼을 걷고 봄이 기지개 켜는 소리에 귀 기울일 테지. 그리고 창을 열어 봄의 체취를 한껏 들이키리. 열린 창으로 대지의 맥박 소리, 바람이 일어나는 소리, 이슬방울 떨어지는 소리에 밤새 신음하던 사람도, 잠 못 들어 수척한 얼굴도 한숨 돌릴 수 있으리. 겨우내 잠긴 우편함에도 새봄의 소식이 쏟아질 테고, 그런 날이면 핏기 없는 얼굴에도 복사꽃 웃음이 번져가리라.

창을 닦다. 닦은 만큼 맑아질 창이 아닌가. 너를 보기 위해 먼저 내 마음의 티끌부터 털어내어야 하리. 창이 창이기 위해선 제 몸 닦기를 게을리하지 않아야 할 테다. 체면과 위선과 허세로 가려진 창, 이중 삼중도 모자라 겹겹으로 가로막힌 창, 도무지 들으려 하지 않는 차단과 방음의 창, 함께하여도 좀체 속을 알 수 없는 창을 창이라 하지 않을 터이다.

벽이 아닌 창, 마음이 훤히 보이는 창, 길 잃은 새에게 길이 되어주고 싶은, 때 묻지 않은 동심의 창이 되어보는 것이다. 묵은 때가 시야를 가리지 않게 때로 내 창을 살펴볼 일이다. 창이 들려주는 이야기에 귀 기울여 볼 일이다.

까치설

　까치설은 어디로 갔나. 어머니가 밤새워 지으신 노랑 빨강 색동 설빔을 차리고 동네 한 바퀴 세배 돌던 소녀의 꿈은 세월과 함께 사라진 것인가. 이제 낡은 사진첩에나 담겨있을 까치설이다.

　특별 연휴. 우리 민족 최고의 명절인 설날은 그 고유의 빛을 잃은 지 오래다. 더구나 올 설은 유례없이 긴 황금연휴다. 빠듯한 직장인에게는 놓칠 수 없는 절호의 기회일 터. 때아닌 겨울 휴가를 맞은 사람들은 너도나도 캐리어를 앞세워 국제선으로 향한다. 인천 국제공항은 몰려드는 인파로 북적이고 대기 줄이 끝도 없이 이어진다고 한다. 이런저런 이유로 떠나지 못한 사람은 떠날 수 있는 그들만의 여유가 부럽기도 하고 더러는 상대적 박탈감과 상실감에 몸살을 앓는다. 아픈 건 그들뿐 아니다.

명절 증후군. 한 집안의 주부이자 며느리이자 동서들은 명절이 가까워지면 원인 모를 질환에 시달린다. 해마다 재발하여도 면역조차 생기지 않는다. 일명 '만성 명절 증후군'이라는 질병 아닌 질병이다. 나 또한 이러한 고질병을 앓아 왔다. 누가 들을까 신음 소리도 내지 못한 채 홀로 속앓이를 해야만 했다. 명절 즈음이면 매사에 과민해지면서 명치가 아리고 소화불량에 욱신거리는 편두통과 원인 모를 불안감이 엄습해 왔다. 일종의 명절 증후군이었으리라. 온종일 반복된 일과 사람에 대한 심적 갈등과 부담이 신체 증상까지 동반하여 웃고 즐거워야 할 명절이 고통과 괴로움의 시간이 되는 것이다. 이런 틈새를 놓칠 리 없다. 그럴듯한 광고가 유혹의 손길을 뻗친다.

　효를 대행하다. 후손 노릇을 대신한다는 대행업체가 호황이다. 화면 터치만으로 따끈한 차례상이 집 앞까지 배달된다. 정성이 없으면 어떠랴. 돈도 결국 수고의 결과물이 아닌가 하는 낯 두꺼운 생각이 들기도 한다. 포장을 벗기고 접시에 담기만 하면 그럴싸한 차례상이 차려진다. 미니어처 제사상부터 가격에 따라 주문만 하면 요술 방망이 두드리듯 척척 만들어진다. 바쁜 시대에 걸맞게 성묘와 벌초 대행에 이어 선인들도 이제 간편 인스턴트로 입맛을 바꾸어야 할 판이다. 신세대 며느리는 영상 통화로 인사하고 용돈을 이체하는 것으로 새해 인사를 대신하는 세상이니 차례상을 맡긴다 하여 딱히 이상할 것도 없다. 모든 게 변하였다. 시대에 따라 그 의미마저 변색되어 홀대받는 민족 고유 명절이다. 하여 인파로 북적여야 할 설밑 장터엔 연세 지긋한 어르신들만 드문드문 오갈 뿐 골목마다 바람만 허허롭다. 대목 한판을 노리던 상인들은 빗나간 명절 특수에 한숨이 깊어간다.

  설날의 추억. 예전엔 설이 가까워지면 온 동네가 북적거렸다. 거리도 사람도 시장도 활기에 차 있었다. 가게마다 알록달록 아이들 설빔이며 차례상에 올릴 제수 거리가 수북하였다. 어물전엔 산적거리로 막 건진 문어 전복 오징어가 물을 내뿜고 시장 난전엔 겨우내 말린 시래기와 묵은 고사리며 취나물 묵나물 도라지나물을 흥정하느라 온종일 시끌벅적하였다. 뽀얀 입김을 뿜어내는 떡방앗간에선 기차 바퀴 돌아가는 소리가 칙칙거렸다. 코흘리개들은 방앗간에 쪼그리고 김이 모락한 가래떡을 신기한 듯 지켜보곤 하였다. 역과 고속 터미널마다 선물 보따리를 이고 쥔 귀향객들로 인산인해를 이루었다. 소녀 가장들이 금의환향하는 날이다. 새벽잠을 설치고 나선 길이지만 피로한 기색이라곤 없었다. 꿈에도 잊지 못할 가족과 고향 친구를 만날 생각에 얼굴이 보름달만큼이나 밝았다. 섣달 그믐밤이 저물도록 이야기꽃을 피우노라면 "복조리 사려" 하는 소리가 먼 메아리처럼 울려 퍼졌다.

까치설. 차례상에 올릴 조기 민어 도미를 줄줄이 널어놓는 것으로 어머니의 설 채비는 시작된다. 어머니는 명절 즈음이면 노상 새우잠이다. 까치설이면 새벽부터 오색 나물을 하고 말린 생선을 굽고 산적을 부치느라 정지 문턱이 닳을 지경이다. 아이들은 지글거리는 냄새만으로 들뜬다. 설빔을 몇 번이고 꺼내 입어보곤 한다. "까치 까치 설날은 어저께고요 우리 우리 설날은 오늘이래요 곱고 고운 댕기도 내가 들이고 새로 사 온 신발도 내가 신어요." 명절보다 더 명절 같은 까치설 아닌가. 신명 난 동네 조무래기들이 목젖이 보이도록 불러대던 까치설 노래다. 마당과 부엌을 불이 나게 들락이다 지친 아이들은 설빔을 머리맡에 두고 잠이 든다.

설 풍경. 어머니는 동트기 전에 쌀을 안친다. 밤새 썰어둔 떡으로 떡국도 끓인다. 다진 쇠고기와 지단으로 고명한 떡국과 갖은 차례 음식을 제기에 정성스레 담아낸다. 남자들은 한 벌 두루마기로 예를 갖추고 조상 맞을 채비를 한다. 향을 피우고 먹을 갈아 한자씩 제문을 써 내려가는 자세가 조상을 대하듯 공손하기 그지없다. 차례를 올리고 제상의 세주를 나눠 마시면서 형제간 우의를 다지고 음복으로 이웃과 정도 나눈다. 차례를 마치고 어른께 세배를 올린다. 세뱃돈과 함께 건네는 덕담이 살아갈 날의 힘이 된다. 아이들은 설빔을 입고 새 신을 신고 뒤꿈치가 부르튼 줄도 모르고 이 골목 저 골목 쏘다닌다. 모든 게 넉넉한 명절이다. 그날만큼은 음식도 인심도 풍성하였으니. 하나 그러한 세시 풍속은 이제 빛바랜 정물이 되었다.

향수 어린 명절 풍속도는 민속촌에서나 볼 수 있는 풍경이다. 곧 설이다. 설을 앞두고 방송에서는 연일 적색 주의보를 울린다. 화목한 명절을 위해 지켜야 할 수칙들을 명명백백 주지시킨다. 대화가 소통이 아닌 불통으로, 화해가 아닌 오해로 번지는 사태만큼은 막아야 한다며 방송에서는 명절맞이 위기 대처령을 내린다. 그도 그럴 것이 명절날 가족 간의 불화가 가정 파탄으로 이어지는 경우가 빈번하기 때문이다. 젊은이들은 아찔한 상황을 만들지 않겠노라 단언한다. 갈등의 빌미가 될 자리를 갖지 않겠다는 것일 터이다. 하지만 노모에게 있어 설은 혈육의 정을 확인하는 날이다. 의식은 가뭇하여도 설 명절의 기억은 어제일 인양 생생하기만 하니. 언제 보아도 그리운 자식들과 자식보다 귀한 손주를 맞을 생각에 방패연만큼이나 두둥실 떠 있을 어머니이건만.

어머니의 설. 노모에게 있어 설은 소원하던 가족이 한자리에 모여 간식 내기 고스톱도 치고 흥겨운 윷놀이도 하며 그날만큼은 적막하도록 쓸쓸한 현생을 잊고 지내는 게다. 도란도란 시끌시끌 사람 사는 것처럼 보내고 싶은 것이다. 제를 올리지 않는 것뿐이지

어머니의 설은 조금도 변함이 없다. 재래시장에서 자손들이 먹을 생선과 고기와 묵은 나물과 탕거리를 손이 무겁도록 사 오신다. 보름 전부터 방앗간에 떡을 주문하고 조기, 민어, 청어, 오징어 등 제수용 생선을 소쿠리에 넣어 둔다. 구구절절 시집살이를 견뎌온 아낙들에겐 이 정도의 수고가 무얼 그리 대수이겠나. 세월의 비바람에 꺾어 휘어진 노송 같은 허리는 마른 고사리를 삶고 껍질 벗긴 도라지와 콩나물 미역 나물 부나물 겨울초를 다듬고 무치고 볶느라 휜 허리가 굽어가는 줄도 모른다.

반면의 자식들이다. 며느리와 딸들은 명절날에도 돌림노래 하듯 번갈아 얼굴을 내비치는 것으로 설 인사를 대신한다. 어머니가 고대하던 한바탕 가족 잔치는 매번 벼르다 막을 내리고 만다. 이는 소란이 못마땅한 자식들의 뜻이다. 내방 살림권을 내어주면서 주도권을 상실해 버린 엄마는 머리의 뜻을 따라야 하는 꼬리 신세다.

까치설의 꿈. 하지만 아직도 까치설의 꿈을 깨지 않는 노모다. 까치설이 가까워지면 창 너머를 새처럼 기웃거린다. 텅 빈 길을 내다보는 눈동자에 울긋불긋 색동옷이 어른거린다.

바람의 도시, 부산

바람을 안고 바람처럼 살아가는 곳. 드센 바람이 꼬리 내리는 그곳은 본디 바람의 고향이런가. 국제선이 오가는 항구도시 부산은 바람과 바람이 만나 바람의 새끼를 낳아 길러 장성한 바람이 오대양 육대주로 벋어 나아갈 힘을 키워가는 곳이다.

바람 냄새가 난다. 해안가 아이들은 바람이 물 위를 자박거리는 소리, 파도와 파도가 입 맞추는 소리, 갈매기가 부리로 물방울 터트리는 소리, 너울이 이부자리를 피고 개키는 소리, 다가오는 바람이 수상하다며 섬과 섬이 수런거리는 소리를 자장가 삼아 잠이 들곤 한다. 세포 곳곳 간기 배인 천둥벌거숭이에겐 시도 없이 들락이는 바람이 둘도 없는 친구이자 가족 같은 이웃이다. 바람이 아이를 키우는 곳. 바람으로 자란 아이에겐 바람 냄새가 난다.

해안가를 에워싼 노송의 구멍 숭숭한 등줄기에, 파도 썰매를 타는 청년들의 통쾌한 웃음소리에, 청춘남녀가 남겨놓은 발자국에, 모래톱을 쌓고 또 쌓는 고사리손에, 투박한 경상도 사투리에 짭조름한 갯내음이 묻어있다.

바람으로 살아가다. 바람은 바닷가 사람에게 있어 물리칠 수 없는 공공의 적이자 생존의 필수 조건이다. 심술이 날 때면 집어삼킬 듯 날을 세우기도 하지만 한세월 갯바람에 마음 절여온 사람에게는 바람이 곤궁한 삶의 든든한 밑천쯤으로 여겨지기도 한다. 바람결 따라 닻을 오르내리고 바람이 잠잠할 때면 허연 배를 드러낸 갯벌에서 조개를 캐고 해초를 따서 하루 어치의 풍력을 요리하여 빈궁한 삶을 채우기도 하니까. 해풍 맞은 말본새가 천일염보다 투박하고 거칠다지만 말보다 거친 거북 등 같은 손에 애잔한 정이 서려 있다. 아닌 척 손사래 치고 돌아서 눈물 찔끔거리는 뚝심의 그들도 먼 바닷길을 지켜보는 등댓불보다 더 간절함으로 밤을 지새우기도 한다.

길을 여는 손. 바람은 태초에 만물이 있기 전부터 존재하였을지도 모른다. 길이 없는 지구별에 먼저 와 기다리고 있었을지도 모를 일이다. 바람으로 비로소 생명의 길이 열리기 시작하니까. 바람의 발자취가 골이 되고 강이 되고 바다가 되고 산이 되고 들이 되어 유목하던 삶도 정착할 수 있었을 터이다. 보이지도, 만져지지도, 잡을 수도 없는, 무결정, 무형체의 바람. 하지만 아무것도 아닌 바람의 힘은 실로 막강하다. 물과 불을 잠재우는 것도 바람이요, 재앙의 길로 이끄는 것도 바람이니. 존재의 처음과 끝을 드러내지 않는 바람. 성나면 숫 사자 같이 갈기를 세우며 날 선 송곳니로 물고 뜯고 찢을 듯 덤벼들지만 유순할 때면 사랑하는 연인의 손길이 되어 외로운 섬의 잔등을 어루만져주기도 한다. 변화무상한 바람. 그 기질을 태생적으로 물려받은 더벅머리 부산 사나이는 오늘도 거친 물살을 타고 대양으로 나아간다.

변화무쌍한 바람. 바람은 밋밋한 생을 거부한다. 소금 바람에 절인 사람은 달짝한 로맨스는 아닐지라도 적어도 밍숭 하게 살지는 않는다. 수많은 섬을 식솔로 거느린 모체로서, 대찬 삶을 이끌어간다. 부산의 하루는 어둠을 뚫는 뱃고동 소리로부터 시작하여 선창가 포장마차 장어구이에 곁들이는 막소주 한 잔에 저물어간다. 만선의 배가 닻을 내리는 부둣가에서 가장 먼저 아침이 열리는 자갈치어시장, 자갈치 아지매의 치맛바람은 막 건져 퍼덕이는 등 푸른 고등어보다 신선하고 활기차다. 우락부락한 사투리에 정이 고봉이다.

바람은 고요를 원치 않는다. 바람의 본질은 고요가 아닐 터이다. 고인 물이 썩어지듯 잠잠한 바람은 이미 바람이 아니다. 바람은 머물지 않는다. 길을 모으기도 흩기도 하는 바람, 삿된 것들을 물리치려 신이 부려놓은 파즈즈의 날갯짓인가. 요동치는 바람, 솟구치는 바람, 한시도 바람 잘 날 없는 우리네 인생이 아닌가. 살아 있음을 증명이라도 하려는 듯 삭풍이 살점이 아리도록 불어젖힌다. 그러나 삶이 온전한 눈물이 아니듯 바람이 고통과 상처만 주는 것은 아닐 터이다. 들썩이는 바람이 잠든 나뭇가지를 깨우고 숨은 향기를 피우고 바람의 짓궂은 손이 한껏 차린 아가씨의 시폰 스커트를 슬쩍 들추기도 하니까.

요동치는 바람. 감천마을 비탈진 언덕배기에 부는 바람은 혹독하였다. 역사의 소용돌이에 휩쓸린 삶, 이별의 눈물을 흘릴 사이도 없이 세 치 몸 누일 자리를 찾아 오르고 또 오르던 아득한 세월이었다. 하지만 척박한 삶에 희망의 씨앗을 유포하는 것, 또한 바람이 아니런가. 바람은 지구의 지형뿐만 아니라 이탈된 삶의 궤도를 추려 잡기도 한다. 바람이 축이 되어 바람을 안고 바람처럼 살아가는 사람들의 땀과 눈물은 구절양장의 터를 문화의 요새로 바꾸어 놓았다. 바람이 부는 건 나무를 꺾고 상처를 내고 피를 흘리기 위함이 아니다. 어떠한 고난에도 유연할 수 있도록 가지를 곧추세우고 생의 뿌리를 보다 굳게 내리기 위함인 것을.

바람은 강하고 약하다. 돌아올 철새를 기다리는 을숙도 갈대숲에서, 구름에 얼굴 가리는 송도 달빛에서, 다대포 갯벌을 떠나지 못하는 석양빛에서, 바람의 본심을 엿볼 수 있다. 바람의 비위와 속성을 그 누구보다 잘 알고 있는 해안가 사람들이 아닌가. 오대양 육대주를 제집처럼 들락거리는 바람, 천하무적 바람도 내 안의 미미한 소용돌이에 갈피를 잡지 못하는 때가 있다. 큰 배포가 누구 못지않게 두둑하여도 작은 정에 한없이 나약해지고 허물어지는 부산 사나이처럼.

바람은 타협을 모른다. 불의와 모의하지 않는다. 직선의 삶을 추구하는 바람, 바람은 길을 묻지 않는다. 길을 끊기도 열기도 하는 바람이라지만 아니라 하여 왔던 길을 되돌아가지도 않는다. 휘어질지언정 꺾이지 않는 대쪽 같은 기개, 우직하고도 미련스러운 부산 사람의 삶이 아닐는지. 지구의 자전보다 웃도는 바람의 위력이라지만 사라지는 것도 일순간이라. 사람의 한 생애 또한 바람처럼 왔다 한 점 바람으로 사라져 가는 것을. 하여 순간을 최후처럼 살아가는 바람의 행보는 오늘도 계속되고 있다.

바람의 도시, 부산. 세계로 향한 수문의 고리를 풀었다. 바람을 닮은 사람들, 바람의 손을 맞잡았다. "파도가 친다. 흥바람, 신바람이 불어온다. 풍악을 울리고 닻을 드높이 올려라."

지금은 정전停電

　폭염 속 정전이다. 푹푹 찌는 듯한 팔월 한더위에 날벼락 같은 소식이다. 전기 없는 세상을 상상조차 할 수 없는 현세대에게는 곧 맞닥뜨릴 정전이 재해나 비상사태에 버금가는 위기인 것 같다.

　예고된 정전. 아파트 내부 전기설비 검사로 정전이 예고된 것은 한 달가량 전부터다. 한나절 동안의 정전에 전 세대가 마음 졸이고 있다. 관리실에서는 정전을 맞아 입주민들이 주지할 안내서를 복도와 엘리베이터에 도배하다시피 하고도 우편함에 두어 장 분량의 안내장을 당부하듯 꽂아 두었다. 안내서에는 정전이 되기 전후의 전원을 끄고 켜는 순서와 지켜야 할 유의 사항과 정전 중 비상 발전기 이용 가능 시설 등이 자상하게 씌어 있었다. 그리고도 한 주일 내내 정전 안내방송이었다. 마치 단절된 세상으로 입문하는 수도승처럼 정전을 맞는 자세가 자못 비장해 보이기까지 하였다.

정전 포비아. 50여 층 초고층 아파트에서의 정전은 생각지 못한 사태를 불러일으키기도 한다. 한때 예기치 못한 정전으로 모든 입주민의 발이 묶인 적이 있었다. 불시에 아파트 전체가 암흑 천지로 변하였다. 게다 고층 건물의 다리 격인 엘리베이터까지 묶였으니 전 주민이 꼼짝없이 갇힌 꼴이 되었다. 전원마저 불통이라 전후 사정조차 알 길 없었다. 한참 뒤 전원이 들어오고서야 인접한 곳에서의 전기사고가 원인이란 걸 알게 되었다. 그날 이후 알게 모르게 주민들 사이에 정전 포비아란 신종 불안증이 생겼는지도 모르겠다.

정전을 대비하다. 이미 돌발상황을 경험하였던지라 곧 다가올 사태에 마냥 손 놓고 있을 수는 없었다. 사전 대비 작전에 돌입하였다. 먼저 냉장고에 쌓아둔 식품부터 하나씩 비워갔다. 장을 보는 대신 잔반을 이용하고 남은 식재료로 음식을 장만하였다. 충동구매와 과소비의 주범인 대형 마트를 멀리하니 지갑이 불러짐과 동시에 냉장고도 정리가 되어갔다. 구매욕에 이끌려 이것저것 덤으로 쟁여 놓고 유통기한에 쫓기듯 소비해야 한다는 부담과 피로도 덜 수 있었다. 냉장고가 여유로워지니 마음도 훌훌 가벼워졌다. 난생처음 심플 라이프의 즐거움을 만끽하고 있었다.

　드디어 정전. 정전의 날이다. 비상시를 대비해 마지막 보루인 휴대폰을 충전한다. 시간이 되어 분전함을 열어 차단기 버튼을 내리고 마지막 메인 차단기를 내린다. 세상과의 결별을 알리듯 '뚝' 하고 연결선이 끊어지는 소리가 난다. 단절은 생각보다 간단하였다. 한더위에 풀가동 하느라 몸살 앓던 에어컨을 대신해 창문을 열어젖힌다. 바람이 기다린 듯 쏟아진다. 동서남북 바람이 죄다 모인 듯 거실이 바람에 둥실 뜬다. 에어컨 바람과는 결이 달라도 너무 다른 자연풍에 마음까지 시원해진다. 블라인드에 가려진 풍경이 펼쳐진다. 집 앞 정원을 놀이터 삼던 까치가 푸드덕 창공을 치며 날아오르는 소리, 온천천 물줄기 따라 반바지 차림으로 뛰어가는 사람들의 활기찬 숨소리가 들려오는 듯하다.

　한 여름밤의 추억. 손에 잡힐 듯 가까운 하늘을 보니 불이 없어 더 밝고 환하던 그해 여름밤이 떠오른다. 어릴 적 사촌 언니와 작은 아버지댁을 가는 길이었다. 툴툴거리는 마을버스를 내리니 우리를 맞는 건 불빛 한점 없는 칠흑 같은 어둠이었다. 언니와 나는 끝이 없을 것 같은 어둠 속을 걷고 또 걸었다. 언니는 주춤거리는 나를 이끌고 반딧불이 숲을 지나 구불구불한 논두렁길을 돌고 돌아 작은 아버지댁을 찾았다. 그곳은 '불바우'라는 깡촌 마을이었다. 불바우는 벼락 맞은 큰 바위 이름을 따라 지어진 마을 이름이다. 전기가 없어 사람들은 자연의 시계인 해와 달과 별의 흐름을 따르고 있었다. 닭이 울고 해가 기척할 즈음 일어나 소죽을 끓이고 중천이 되도록 논과 밭에서 땀을 흘리다 해가 재 너머 갈 때면 소를 거두어들이고 호롱불 아래 온 가족이 동그마니 모여 앉아 저녁밥을 먹는다. 사람도, 시간도 더디 흘렀다. 달과 별을 길벗 삼은 사촌은 밤눈 어두운 우리의 길눈이 되어주었다. 늦은 저녁, 시원한 바람과 함께 평상에 누우면 별빛 하늘이 널따란 휘장을 펼쳐 보였다. 도시의 단발머리는 쏟아지는 별비를 맞으며 전설 같은 이야기에 푹 빠져들었다. 어둑할수록 가까워지던 달과 별이었다. 달과 같이 둥그런 사람들과 보리 개떡을 나누어 먹던 꿈같은 날이 지나고 밤눈이 밝아질 즈음 우리는 이별을 나누어야 했다.

　노는 법을 잃다. 디지털 기기에 눈과 손을 놓지 못하는 사람들, 온종일 달리고도 시간이 모자란다며 아우성치는 현대인에게 휴식은 왠지 낯설다. 퇴직 후 헐렁한 시간을 주체하지 못한 친구는 다시 찾은 직장에 시간을 반납하려 한다. 빼곡히 채우다 보니 조금의 여백과 여유도 용납하기 어려운가 보다. 바삐 사느라 노는 법을 잃어버린 사람에겐 약간의 여유와 틈이 외려 불안하기만 하다. 혼자만의 한가롭고 호젓한 시간을 외로움인 양 고독을 않는다.

　가끔은 정전. 쉼 없는 삶은 쉼표 없이 부르는 노래와 같으리라. 에너지가 고갈된 줄도 모르고 속도에만 열을 올리는 과속 자동차는 되지 말아야지. 쉼 없이 달리는 중에도 후면등을 살피기에 급급한 차는 자칫 도로의 무기가 될 수도 있을 터이니. 하여 정차를 모르는 자동차는 오늘도 시동을 끄지 못한 채 밤새 열을 올리고 있다. 지금 우리에게 필요한 건 바짝 달구어진 열기를 식히는 것. 신경의 날을 무디게 할 잠깐의 휴식이 아닐는지. 가끔이라도 메인 차단기를 내리고 별빛과 달빛과 바람과 새들의 노랫소리가 드나들 수 있도록 창을 열어보면 어떠리.

　휴식은 시작이다. 쉼은 단절이 아닌 시작을 위한 준비가 아닌가. 휴식은 새로운 출발과 전환을 위한 충전의 시간이다. 지금이야말로 무적함대처럼 돌진하기보다 앞으로 나아가기 위해 뒤로 물러서는 지혜가 필요한 시점이 아닐는지. 겨울밤이 기나긴 것은 새봄을 맞기 위함이듯 삶도 자연과 같이 춘하추동의 사계가 필요한 것 같다. 전기의 과부하로 온 집안이 암흑천지로 변하듯 절제를 모르는 과욕이 번아웃이라는 부지불식간의 정전 사태를 몰고 올지도 모를 일이다.

불이 켜지다. 전등이 깜박인다. 마침내 정전이 끝나고 전기가 들어온다는 신호다. 안내방송에 따라 차단기를 올리고 스위치를 '온'에 맞춘다. 잠시 잠깐의 정전이 활기를 부었는지 날 선 마음이 둥글어진다. 전등이 켜진다. 지금까지 전기의 감사함을 잊고 지낸 것 같다. 늘 곁에 있기에 놓치고 사는 소중한 것들을 떠올린다.

가끔은 전원을 내리고 내 마음의 소리에, 너의 이야기에 귀를 기울인다. 창을 열고 어둠 속 쏟아지는 별비에 흠뻑 젖어보기로 한다. 오래 잊었던 벗을 만난 것 같다.

III ——————————————— 꿈꾸는
파랑새

꿈꾸는 파랑새

파랑새는 어디쯤 있을까. 보이지 않는 미지의 곳에서 두 날개를 펄럭이며 날아오고 있을 것만 같다. 하지만 아무리 기다려도 새는 보이지 않는다. 오늘도 우리는 파랑새를 찾아 이곳저곳을 찾아 헤맨다.

초로의 그를 만난 건 우연이었다. 친구와의 약속으로 아파트 정문을 막 나서던 중이었다. 초면인 나에게 다가와 인사를 건네었다. 낯선 사람이지만 그냥 지나치기가 무엇해 엉겁결에 화답하였다. 그랬더니 대뜸 "이렇게 좋은 곳에 사시니 얼마나 좋으실까요. 이런 아파트에서 살아보는 게 한 때 제 꿈이었거든요."라며 부러운 듯 말하였다. "아니에요. 여긴 서민 아파트인걸요. 그리 좋은 곳은 아닙니다."하고 돌아서려니 연이어 말을 붙여 왔다. 자기는 평생 이러한 곳에 살지 못할 거라며 힘없이 고개를 떨구는 게 아닌가. 나는 가던 걸음을 돌려야 했다. 축 처져 피지 못할 것 같은 어깨가 나를 붙잡았기 때문이다.

여기로 이사 온 지도 반년이 지났다. 이전보다 평수를 대폭 줄이다 보니 방도 거실도 턱없이 좁게 느껴졌다. 이삿짐을 나르던 직원들도 짐을 마땅히 둘 데가 없다며 연신 투덜거렸다. 시간이 지체되자 이리저리 짐을 부려놓고 하나둘 도망치듯 자리를 떠나고 말았다. 우리는 거실에 산처럼 쌓인 가구와 집기를 맞추느라 애를 먹었다. 협소한 공간과 옹색하게만 보이는 살림살이에 절로 한숨이 터져 나왔다. 늦도록 짐을 구기다시피 넣고는 한참을 속상해하던 기억이 났다. 비좁고 형편없다며 볼멘소리를 하고 보는 것마다 눈에 거슬리기만 하던 곳이었다. 하지만 내가 불평하고 투덜거리던 여기가 누군가에겐 간절한 꿈의 궁전쯤으로 여겨지는 곳이라니.

얼마 후 정원에서 해를 쬐는 낯익은 얼굴을 보았다. 남의 집을 훔쳐보다 들킨 양 무안해하는 그는 요 근처 요양병원에서 노인 간병을 맡고 있단다. 그러고 보니 형광색 조끼에 '요양병원'이란 글자가 뚜렷하였다. 성급히 꿈을 이루고 싶은 생각에 무리를 하다 자칫 빚더미에 앉을 뻔하였다고 몸서리를 쳤다. 뻔한 급여로 이렇다 할 보금자리를 장만하기가 쉽지 않았을 터이다. 하지만 지금은 행복의 의미를 알 것 같다며 의미심장한 미소를 지어 보였다. 아무리 크고 좋은 집을 가졌다 한들 건강을 잃으면 그게 다 무슨 소용이냐며 다짐하듯 말하는 표정엔 여유로움이 흘렀다. 마치 오랜 지기를 만난 듯 내게 이런저런 속사정을 풀어놓았다. 약속 시간이 지났지만 나는 일어날 수 없었다. 그의 눈동자에서 많은 걸 갖고도 갖지 못한 것으로 속을 끓이는 내 모습을 보았기 때문이다.

파랑새는 곁에 있다. 바쁘게 사느라, 다른 곳으로 마음 돌리느라 듣고 보고 느끼지 못하였을지언정 파랑새는 잠시도 우리 곁을 떠나지 않았다. 보건교사로 일하면서 예기치 못한 사고와 난치병과 결핍된 사랑으로 피지도 못한 채 시들어가는 무수한 꽃봉오리를 보았다. 한 줄기 빛이 절실한 꽃이었다. 처음엔 나 역시 주어진 일을 처리하기에 급급한 전문직업인에 불과하였다. 하지만 갈수록 인술에 중점을 두어야 하는 나의 업무가 내게 주어진 천직처럼 느껴졌다. 이토록 귀한 일을 할 수 있음이 감사하였다. 생명물 같은 사랑으로 보살피는 그 모든 일이 의미로웠다. 그것도 과분한 보상까지 받아 가면서 말이다. 마침내 상처가 아물고 해맑은 웃음을 되찾은 동심을 지켜보는 것만으로 행복의 깊이는 더하여갔다. 그럴 때면 파랑새의 청아한 노랫소리가 지척에서 들려오는 듯하였다.

파랑새가 되어 날다. 그는 오랜 지병과 노병으로 혈육마저 손 놓아버린 노인들의 온갖 수발을 도맡는다. 혼자서는 아무것도 할 수 없는 이들의 손과 발이 되고, 늙고 병들어 마음마저 둘 데 없는 이의 둘도 없는 말벗이 된다. 투정하고 응석 부리는 아기를 어르고 달래고 씻고 닦이는 엄마가 되기도 할 테다. 홀로 가야 하는 긴 여정 앞에 떨고 있을 야윈 두 손을 꼭 잡아주기도 한다. 몸도 마음도 앙상한 그들이 기댈 수 있도록 너른 어깨를 내어주는 그녀, 그토록 찾으려던 우리의 파랑새였다. 그럼에도 삶이란 아름다운 거라며 청아한 목소리로 입이 마르도록 노래하는 파랑새.

지금 당장 자리를 바꾼다 해도 이상하지 않을 만큼 연로한 그가 아닌가. 그런 그를 지치지 않는 날쌘돌이로, 악바리로 만든 건 잠시라도 눈에 없으면 불안에 떠는 아기와 같은 노환자들이 있기 때문일 테다. 하여 파랑새는 새벽이슬을 맞으며 길을 나선다. 문턱을 넘어서기도 전에 달려올 새같이 작은 몸들을 생각하면서. 그러한 기다림이라도 없다면 금세라도 풀썩 스러져버릴 그림자 같은 사람들이 아닌가. 열매도, 잎도, 이슬도 지고 남은 것이라곤 움푹 파인 옹이뿐인 빈 나무 그루터기, 하지만 그를 만날 때면 반

가슴에 틀니가 덜그럭거리도록 웃어젖히는 노구들이다.

파랑새는 날갯짓을 멈추지 않는다. 아파트 정문을 나설 때면 행여나 하고 주위를 두리번거린다. 은백의 그를 만난다면 사랑이 마른 곳으로 사랑을 실어 나르는 당신이야말로 행복의 파랑새라고 말하고 싶다. 그렇다. 도움이 필요한 곳으로 손 내밀 수 있다는 것만으로 누군가의 파랑새가 되는 것일 테니까. 바람이 거칠수록 두 날개를 펄럭이며 더 높이 날아오르는 새. 눈물이 차오를수록 더 빨리 나아가는 새. 나보다 힘들고 외로운 곳을 찾으러 사방을 두루 살피는 새는 주어서 행복한 삶의 이치를 알고 있는 것인가. 새가 드높이 날아오르는 것은 더 많은 것들을 품기 위한 것이 아닐지.

새는 날개를 접지 않는다. 지치면 잠시 쉬었다 갈 뿐 오래도록 머무는 새는 없으리. 바람을 타고 구름을 헤쳐가며 세상을 향해 부단히 손짓하고 있을 행복의 파랑새, 은빛 날개를 반짝이며 창공에 푸른 꿈을 펼쳐 보인다. 내려다보는 새는 언제나 행복하다. "행복하기 위해선 좀 더 낮은 곳을 보라."라고 하지 않았나. 높이 나는 새가 부러운 나머지 하늘만 올려보다 바닥에 곤두박질치는 어리석은 새는 되지 말아야지.

하늘 높은 줄 모르고 치솟는 아파트를 보며 희망이 절망이었을 시간도 있었을 테다. 하지만 기원하던 꿈들이 희망의 씨줄과 날줄이 되어 지금을 단단히 받쳐 주었을 것이다. 삶의 버팀목이 되었을지도 모른다. 아린 상처마다 깃털 돋는 새처럼 눈물로 직조된 삶은 서럽고 눈물진 이들을 한 번 더 돌아보게 하는 이유가 되었으리. 허공에 길을 지어가는 새, 슬픔과 기쁨, 골수에 찬 허무의 그림자까지 다 비운 후에야 피안의 세계를 열어갈 수 있으리.

당신은 무한 창공에 유구한 꿈의 씨앗을 뿌리는, 파랑의 꿈을 지어가는 우리의 파랑새다.

마음의 소리

    승패를 가를 수 없는 다툼이었다. 듣지 못하는 자와 듣지 않으려는 자의 다툼은 출발부터가 달랐으니까. 싸움엔 승자와 패자가 있기 마련일 텐데, 이런 공정하지 않은 싸움판에 진정한 승자가 있기나 할는지. 그럼에도 한 치 물러섬이 없는 두 사람의 아귀다툼은 지금까지 현재 진행형이다.

    어머니와 오빠의 언쟁은 오늘도 여전하다. 구순 노모와 칠순 아들의 다툼엔 조석이 따로 없다. 잠자리에서 일어나 얼굴을 마주치기 전부터 슬슬 발동이 걸리기 시작해 잠자리에 들기 전까지 끊임없이 이어지니까. 툭하면 분쟁을 일삼아대는 두 사람이나 이를 지켜보는 가족도 시비의 발단을 알지 못하니 명확히 시시비비를 가려낼 수 없다. 그렇다고 전후 사정도 모르면서 어느 한쪽만

두둔하거나 탓할 수도 없는 노릇이다. 듣지 못하는 자와 듣지 않으려는 자의 만남은 뒤틀어져 아귀가 잘 들어맞지 않는 가구처럼 맞추려 하면 할수록 삐걱거리는 소리만 요란하고 상처만 날 뿐이다. 두 사람 사이엔 건너지 못할 강이 굽이쳐 흐른다. 강은 깊고 물살이 빨라 자칫 급류에 휘말릴까 그 누구도 선뜻 발을 들이지 못한다. 마음만 동동 굴릴 뿐이다.

서로를 모른다고 한다. 아들은 난청으로 말귀도 알아듣지 못하면서 사사건건 억지 부리고 외고집을 피워대는 노모가 답답하기만 하다. 어머니는 귀를 굳게 닫아걸어 둔 채 큰소리로 다그치기만 하는 아들이 그저 서운하다. 구순과 칠순은 온종일 함께 있으나 함께 하지 못한다. 윽박지르는 듯한 말투에 말문을 닫아버린 작은 몸집은 위험 앞에 촉수를 말아버린 달팽이의 모습이다. 노모는 세월이 원망스럽다. 멀어져 가는 청력으로 무능하다 못해 걸리적거리는 신세가 한없이 초라하고 서글퍼진다. 반쯤 열린 귀로 반만 들으니 오해가 없을 리 만무할 터인데, 이미 엉킬 대로 엉켜 버린 실타래는 풀려 하면 할수록 꼬여가기만 하는 걸 어쩌랴.

이른 아침부터 집안에 냉기가 감돈다. 전날 저녁 딸이 다니러 온다는 소식을 전해 들은 게 화근이었다. 들뜬 노모는 새벽부터 갖은 찬거리를 다듬고 씻느라 주방과 안방을 밤새 들락거렸다. 반쯤 닫힌 귀에는 그러한 소리가 들릴 리 만무하였다. 하지만 달그락거리는 소리에 잠을 설친 아들은 일어나자마자 절반쯤 귀먹은 노모를 호되게 몰아쳤다. 어머니는 그깟 일로 식전부터 신경을 곤두세우는 아들이 유별스럽기만 하였다. 모자간 엇갈린 주장은 서로의 파동을 상쇄시키는 맥놀이 현상인가. 아들은 꼭 막힌 귓구멍을 뚫기라도 하려는 듯 주파수를 양껏 올렸다. 날 선 소리는 무기가 되어 가뜩이나 해진 노모의 가슴을 예리하게 찔렀다.

어머니에게는 아픈 사정이 있었다. 매사에 똑똑하고 인정 많고 붙임성도 좋아 누구보다 아껴왔던 어머니의 바로 아래 동생이었다. 하지만 난청이란 난치병은 그러한 사람을 몰라보게 달라지게 하였다. 노모는 들을 수 없음이 세상과 사람으로부터 고립을 의미한다는 것을 그때 알게 되었다. 동생은 육지와 점점 동떨어져 가는 외로운 섬이 되었다. 그 섬은 섬의 유일한 친구인 바람 소리, 파도 소리와 새소리마저 들을 수 없어 더욱 쓸쓸하였으리라. 멀어진 청력은 소통을 가로막는 벽이 되어 혼자만의 섬에 갇힌 지 몇 해 만에 영원의 길로 떠나고 말았다. 이별의 길에서 노모는 눈물을 훔치는 대신 보청기를 집어 들었다. 세상으로부터, 무엇보다 사랑하는 가족으로부터 멀어지는 것이 가슴 떨리도록 두려운 일이기 때문이었다. 하지만 잃음으로 얻어지는 게 삶의 순리가 아니겠는가. 오관의 감각이 무뎌갈수록 육감의 촉수는 더욱 예리해져 가니까.

　마음의 주파수를 맞추어라. 청력이 줄어가는 건 곧잘 오해와 의심을 불러일으키는 일방의 귀를 대신하여 발설하지 않은 침묵의 저변까지 굽어 살펴보라는 신의 뜻이 아니겠는가. 갈수록 즉각적인 센스는 떨어진다 하여도 마음을 헤아리는 감각은 보다 웅숭깊어져 가니까. 그러니 무딘 청력을 탓하기보다 말로 전하지 못한 세세한 것까지 가늠할 수 있는 마음의 안테나를 바짝 세워 봄이 어떠할는지. 귀를 아무리 들이댄다 한들 마음을 닫으면 간절한 외침도 의미 없는 메아리로 흩어지고 말 테니까.

　노모는 전심으로 듣는다. 어머니는 걸핏하면 오작동과 불통으로 분란을 일으키는 귀를 대신해 온 마음으로 보고 듣고 느끼려 한다. 자식의 일이라면 직접 보고 듣지 않아도 얼핏 감이라도 당겨 잡을 수 있을 어머니다. 그러니 반만 들어도 척하니 그 속을 꿰뚫듯 보고 있을 당신이 피붙이가 전하는 뜻을 모를 리 없지 않겠는가. 척하면 척할 어머니가 알아도 모른 척, 들어도 못 들은 척하며 철없는 아이의 모습으로 응석하듯 칭얼거리는 건 아들의 사랑이 몹시 그리운 것이리라. 그러나 어미의 심중을 조금도 알아채지 못하는 아들이다. 아들은 모른다. 다가와 살풋 손이라도 잡아 주기를 바라는 여리디 여린 속마음을.

　자연은 침묵으로 이야기한다. 자연의 소리는 들릴 듯 말 듯 한 속삭임으로 때로 소리를 지운 침묵의 몸짓과 표정으로 서로를 보고 듣고 느낀다. 자연이 빚어내는 소리는 무한하여 좁은 귀로는 모두 담아낼 수 없으리. 사람들은 시시때때로 변하여가는 물소리, 바람 소리, 나무와 나무가 부딪는 소리. 새소리, 나뭇잎이 바스락거리는 소리를 들으러 산으로 강으로 바다로 나선다. 설령 들리지 않는다 하여도 마음을 다하여 들으려 할 때 그들이 전하는 뜻을 온전히 담아낼 수 있을 테다.

　행복을 느끼는 주파수가 있다고 한다. 사랑을 전하는 주파수는 얼마쯤일까. 사랑에 빠져 본 사람은 안다. 그 데시벨은 낮고도 낮아 마치 침묵의 소리와 같아 가슴 저변으로 흘러들어 다른 귀에는 들리지 않아도 사랑하는 이에게는 천둥보다 크게 다가와 온몸 구석까지 짜릿한 전율을 불러일으키게 한다는 것을. 어떠한 불협화음도 협화음으로 바꾸는 마법 같은 사랑의 주파수는 속살같이 연하고 부드러우면서도 바위보다 단단한 힘을 지니고 있다.

　아들이여, 구순 노모에게 있어 당신은 어린 철부지일 뿐이다. 큰소리로 귀를 아프게 하기보다 깃털 같은 음성으로 어머니의 마음을 진동시키어 봄이 어떠한가. 아주 오래전 당신에게 하였던 것처럼 숨결이 느껴질 만큼의 거리에서 눈동자를 맞추어가며 두서없는 이야기라도 맞장구치며 들어봄이 어떠할지. 난청에 들어 마음마저 멀어질까 두려운 노모의 떨리는 가슴을 살포시 안아주는 것은 또 어떠하겠나. 어미와 자식은 본디 말이 필요 없는 한 몸 아니던가.

꼬리가 부활하다

　꼬리가 되살아났다. 직립 보행의 사람에게 있어 진화와 용불용설의 원리로 오래전 자취를 감추었던 꼬리다. 하잘것없이 여겼던 꽁지가 공작의 깃털보다 수려한 빛깔과 광채를 번득이고 도마뱀보다 재빠르고 여우보다 신출귀몰하고 진화한 모습으로 화려하게 등장하였다.

　꼬리의 역사. 날짐승에게 활공의 날개가 있다면 길짐승에게는 다섯 번째 다리 격인 꼬리가 있다. 신이 특별히 부여하신 만큼 꼬리도 날개에 버금가는 의미가 있을 터이다. 하지만 인간이 두 발로 서고 직립 보행을 하면서 존재의 의미를 잃어버린 꼬리는 자진하여 뒤로 물러나 앉았다. 신체 말미쯤 작은 흔적만 남겨 놓은 채. 하나 언제부턴가 꼬리의 행태가 심상찮다. 꼬리가 꿈틀거린다. 숨은 미골이 표피를 뚫고 일어난 것이다.

　꼬리에 대한 가설. 꼬리에 대한 가설도 꼬리만큼이나 다양하다. 인간 사회가 거짓이 보편화되고 배신이 난무하면서 제 꼬리 자르기를 서슴지 않다 보니 마침내 꼬리가 없어지고 말았다는 꼬리의 배반설과 시도 없이 비벼대느라 닳아 없어졌다는 아부설과 소용 가치가 소멸함에 따라 자연히 퇴화하고 말았다는 자연 퇴화설까지, 꼬리에 대한 소문과 추문이 꼬리에 꼬리를 물고 이어진다. 있는 둥 마는 둥 역할조차 미미하여 말미로 제쳐 두었던 꼬리가 왕성한 생명력과 막강한 세력을 갖추고 위풍당당 급부상하였다.

　꼬리의 전성시대. 꼬리의 전성시대가 도래하였다. 모양과 빛깔도 다채롭다. 한 개만으로 모자라 구미호보다 많은 꼬리를 안주머니에 넣고 다니는 사람도 부지기수다. 매 순간 변신에 위장을 더하여 팔색조 매력 못지않은 능력을 과시하는 이에게는 꼬리만큼 긴요한 기관도 없을 성싶다. 절체절명의 위기 앞에선 가차 없이 자르기도 하고 반짝 기회가 올라 치면 덧대어 붙이는 꼬리 성형술도 나날이 발전하고 있다. 꼬리에 따라 입신이 보장되고 위장 꼬리로 신분 세척도 가능하니 쓸모없다고 잘라낸 꼬리마저 아쉬운 사람들이다. 그들은 풍성한 꼬리를 자랑하던 네 발의 유인

원 시절로 회귀하고 싶은 듯하다.

꼬리의 기능. 날짐승에게 있어 꽁지가 공중을 비행하거나 방향을 바꾸는 주요 기관이듯 네발로 기는 짐승에게 있어 꼬리는 생존 전략인 동시에 삶의 편의를 위한 다기능 도구이기도 하다. 개는 꼬리로 감정을 가감 없이 드러내 주인의 마음을 훔치기도 하고 원숭이와 침팬지는 꼬리가 손이 되어 나무를 타고 열매를 따고 먹이를 찾았다는 수신호를 동료들에게 전하기도 한다. 캥거루는 꼬리를 지렛대 삼아 점프하고 표범은 몸의 균형뿐 아니라 사냥의 수단으로도 사용한다. 물론 공작이나 꼬리 긴 수탉과 같이 꼬리 하나로 평생 왕노릇하고 거들먹거리며 품 잡고 호의호식하는 삶도 있다. 그렇다손 치더라도 사람의 꼬리만큼 삶의 향방을 좌지우지하는 경우도 흔치 않을 것 같다.

꼬리의 힘. 무용지물이던 꼬리가 판을 흔들다 못해 뒤엎는 세상이다. 꼬리의 술수와 계략에 속수무책이다. 하여 꼬리가 아쉬운 사람들은 부실한 꼬리라도 어찌해볼까 하는 생각에 전문 샵에 특별 케어를 예약하기도 하고, 미약하게나마 꼬리를 되살릴 수 있는 방편을 찾느라 이리저리 발품을 팔기도 한다. 잔꾀 밝은 여우꼬리는 아닐지라도 코끝의 비위 정도는 맞출 수 있는 꽁지라도 있었으면 한다. 그런저런 형편이 안 되는 이들은 흔적뿐인 엉치를 비비적거리며 소생 불능인 꼬리가 한 치라도 자라길 기대한다. 길고 짧은 게 문제가 아니다. 잘생긴 꼬리 하나로 입신양명의 길엔 안착한 무용담도 있고 잘라야 할 때 자르지 못한 꼬리로 평생 고생길 못 면한 사람도 있는 터이니. 여하간 작달막한 꼬랑지라도 달지 않고는 살기 힘든 세상이 되었다.

꼬리의 품위. 내가 자주 찾는 동네 동물병원엔 긴 꼬리 고양이가 매니저 노릇을 한다. 안내 테이블에서 넌지시 바라보는 품새가 '어디 아파서 왔느냐'고 문진하는 것 같다. 내가 본 고양이 중에 가장 품위 있는 꼬리를 지녔다. 제 주인에게만 미온적일 뿐 아무리 말을 붙여도 꼿꼿이 미동도 없는 꼬리다. 우리 집 강아지처럼 쓰다듬기만 해도 냅다 달려가 헤프게 꼬리 치지 않는 도도함과 거만함이 있다. 꼬리는 꼬리일 뿐이라는 말이 주인장 같은 고양이에겐 해당이 안 되는 말이다. 꼬리는 꼬리 치라고 있는 것이 아니라는 듯 곧게 세운 꼬리에서 고고한 기품마저 느껴진다.

꼬리보다 꼬리표. 날개 같은 꼬리와 더불어 꼬리표의 활약도 눈부시다. 꼬리를 뒤따르던 꼬리표가 아니다. 새의 깃털보다 빠른 속도로 소문을 퍼다 나르는 꼬리표, 꼬리를 앞지르는 꼬리표다. 머리보다 꼬리가, 꼬리보다 꼬리표가 앞선 모습을 상상해 보라. 꼬리표와 함께 꼬리가 정수리에 나붙은 꼴이라니, 왠지 해괴

스럽다. 하지만 이젠 사람보다 꼬리표를 신뢰하는 세상이다. 학교에 근무할 때였다. 신학기가 되어 새로 전입할 교사를 맞는 날이었다. 기다리던 우리에게 당도한 건 꼬리보다 긴 꼬리표였다. 믿거나 말거나 하는 소문과 풍문이 날개를 단 듯 활개를 친다. 신뢰할 수 없는 정보를 진실 인양 입수한 교사들은 꼬리의 마수에 제대로 걸려든 것이다. 설사 사실이 아닐지언정 사람을 볼 때마다 그 사람의 꼬리표가 눈에 어른거릴 것이니.

퇴화인가 진화인가. 퇴화하여 소생 불가한 줄 알았던 꼬리가 기적처럼 되살아났다. 소의 꼬리처럼 묵묵히 있다 파리나 모기를 흩고 치는 꼬리라면 모를까. 죽은 뒤에라도 꼬리곰탕으로 사람을 봉양하는 희생까지는 아니더라도 머리와 가슴을 넘어서는 꼬리는 되지 말아야지. 하여 지나치다 못해 도를 넘은 작금의 행태는 두 발 직립 인간의 뒷걸음질이 아닐는지. 아니면 두 손 두 발도 모자라 꼬리가 닳도록 비벼야만 살 수 있는 세상이 된 것인지도 모르겠다.

꼬리표를 뒤적이다. 사람들은 오늘도 꼬리의 동정을 살핀다. 윤기가 흐르는지 때맞추어 살래살래 흔드는지 변신에 능한지를 계산한다. 또한 꼬리의 수려함 못지않게 흔들 때마다 상표처럼 붙어 다니는 꼬리표에 이목이 쏠린다. 이력이 어떠한지. 출신이 어딘지, 가진 것이 얼마 큼인지에 따라 처우와 대우가 하늘과 땅이다. 하여 사람을 헤아리기보다 뒤꽁무니에 팔랑거리는 꼬리표만 흘낏거리는 꽁지들의 행진이 꼬리에 꼬리를 잇는다. 허구한 날 비위도 좋게 남의 엉덩이만 뒤적거리는 인생들을 진정한 꼬리라 부르고 싶다.

   하나 사람에게 있어 미골은 골반 기저의 중심이 아닌가. 존재감은 없을지라도 인체에 없어서는 안 될 소중한 꼬리뼈다. 곧잘 균형을 잃고 흔들리는 사람에게 중심을 잡으라고 신이 주신 마지막 선물이 아닐는지. 쫓고 쫓기는 세상이다. 지금 나의 꼬리는 무사한가.

둥지를 잃다

비명 소리가 아찔하다. "윙윙" 멈출 줄 모르는 전기톱의 위협에 막 생겨난 여린 가지가 사시나무처럼 떨고 있다. 큰 나무 둥치가 칼날에 잘려 떨어지는 소리가 땅을 흔든다. 놀란 새는 혼비백산 사방으로 달아난다.

빌딩 사이 작은 숲. 숲은 마을의 역사와 함께 터전에 뿌리를 내렸다. 울창한 숲은 질식하는 도시 거리에 산소와 같은 청량제가 되어주었다. 나무는 마을과 같이 수령을 더하여 갔다. 고목은 새나 사람이나 곤하다 싶을 때 몸 기대어 가도록 너른 잎을 펼쳐 놓았다. 늙은 나무는 가지가 튼튼하고 잎이 무성하여 새는 둥지를 틀어 밤낮없이 먹이를 물고 들락거렸다. 도시개발이란 맹렬한 바람이 불어오기까지는.

마을의 터줏대감인 숲이건만 물밀듯 몰아치는 개발의 바람을 피할 수는 없었다. '도로 확장 공사'라는 붉은 깃발이 굳은 땅에 쐐기를 박았다. 숲의 맥을 끊고 호흡줄을 조여왔다. 갖은 장비와 기구로 중무장한 트럭의 '쿵쿵' 거리는 엄포만으로 늙은 나무는 휘청거렸다. 곧이어 가차 없는 맹공격이 시작되었다. 숲은 그들의 저돌적인 공격에 속수무책이었다. 불도저와 덤프트럭은 나무쯤이야 바리깡으로 머리를 밀듯 단번에 해치우겠다는 기세로 덤벼든다. 새와 사람들이 마음 필 수 있던 곳, 동네 유일한 쉼터이자 안식처인 숲이 무지막지한 위력에 저항 한번 못하고 허물어져 가고 있다.

녹색을 지우다. 어린 새순이 피어나는 춘 사월에 울울창창한 꿈을 키워가던 숲이 상실의 아픔에 눈물 흘릴 줄이야. 건너편 온천천 변에는 봄을 마중하는 봄맞이 꽃축제가 한창이거늘. 폭설처럼 흩어지는 연분홍 이파리와 서릿발 같은 겨울을 지나온 동백의 의연한 자태와 유채꽃의 자지러진 웃음소리를 퍼담으러 온천천 산책길에는 흩날리는 꽃잎보다 더 많은 사람들이 꽃놀이로 분분하건만. 이 화사한 연둣빛 봄날에 녹색 모자를 쓴 녹색 지킴이가 대형트럭에 크레인까지 대동하여 물오른 생명 줄기에 톱날을 들이대고 피를 흘리게 하다니.

나무가 아우성친다. 여린 이파리가 몸서리친다. 성난 톱질을 견디지 못한 큰 둥치가 '쿵'하고 넘어지는 소리에 땅이 울컥인다. 나무의 울음소리가 숲을 메아리친다. 트럭에 더미로 실려 가는 동강 난 꿈이 아쉬워 울고 자신을 저버린 사람이 원망스러워 울고 처한 현실이 참담하고 원통하여 우는 것 같다. 봄이 열리는 이즈음 봄을 잃은 것들의 통곡 소리가 봄축제 마당 너머로 울려 퍼진다. 게다가 오늘은 4월 하고도 5일이 아닌가. 우리가 작심한 식목일이다. 헐벗은 땅에 한 그루 나무라도 심어 가꾸어야 할 마당에 이 무슨 역발상인지. 우리에게 쉬어갈 그늘을 주었고 바람을 주었고, 녹음을 주었고, 휴식과 안도의 자리를 주었고, 아낌없이 모두 주었던 나무의 생애다. 그도 모자라 추억을 그릴 수 있는 마지막 그루터기까지 다 내어주던 나무가 아닌가. 하지만 굳게 믿었던 사람은 등을 돌렸다. 쓰러 넘어진 연초록 이파리가 흙을 뒤집어쓴 채 숨을 헐떡인다. 나무와 함께 둥지도, 새들의 삶도 바닥에 던져지고 발길에 짓밟혔다.

　나는 그 자리를 떠날 수 없었다. 나무의 고통과 비명 소리를 모른 척 지나칠 수 없었기 때문이다. 침묵한다고 느끼지 못할 나무가 아닐 것이다. 언어가 다르다 하여, 말을 못 한다 하여 함부로 할 생명이 어디 있을까. 자연 속에서 그들만의 언어로 소통하고 화목하게 살아가는 삶이 아닌가. 서로 다른 언어로, 언어가 아닌

몸짓으로, 향기로 마음을 전하는 자연인 것을. 정작 보고 듣고 느끼지 못하는 건, 귀를 막고 눈을 감고 등을 돌리는 건 먹이 사슬의 꼭대기에 제왕처럼 군림하는 인간이 아닐는지.

  둥지를 잃다. 새들의 보금자리도, 행복도 산산이 부서졌다. 날이 어둑해지면 젖은 깃털로 따스한 보금자리를 찾아올 새들이 아닌가. 사라진 집을 찾아서, 안락한 가정을 찾아서 밤새 이 길 저 길을 찾아 헤매겠지. 둥지 잃은 새는 한동안 자리를 떠나지 못하리라. 날마다 제자리를 맴돌지도 모른다. 오래 정든 이와 정든 곳을 버리고 떠나지 못하는 것은 새나 사람이나 마찬가지일 터이니.

  회복되지 않는 상처. 바닥의 둥지를 보니 지난 아픔이 되살아난다. 회복되지 않은 상처가 아려온다. 어느 날 베란다가 유난히 소란스러웠다. 참다못해 창밖을 내다보니 비둘기 한 쌍이 베란다 한 귀퉁이에 살림을 차려놓은 게 아닌가. 에어컨 외기 군데군데 분변이 마르고 일부는 젖어 악취마저 풍겼다. 그들이 자리를 비운 사이 말끔히 치우기로 하였다. 한참 물로 씻어 내리던 중 구석자리에 작은 둥지를 발견하였다. 둥지 안에는 조그만 새알이 담겨 있는 게 아닌가. 난감하였다. 하는 수 없이 둥지를 옮기기로 하였다. 집 앞 화단에 가져다가 춥지 않게 이파리를 덮어 주었다.

그것이 최선일 거라며 떨리는 가슴을 다독였다. 하지만 예상치 못한 일이 벌어졌다. 뒤늦게 돌아온 새들의 몸짓이 예사롭지 않았다. 연신 주위를 두리번거렸다. 울부짖는 한 쌍의 울음소리가 가슴을 찔렀다. 둥지의 알을 찾는 것 같았다. 껍질도 벗지 못한 것들을 걱정하는 어미 새의 울음은 깊었다. 그 후에도 비둘기 부부는 무시로 와선 "구르르 구르르" 하며 서러움을 토하였다. 자식 잃은 슬픔을 무엇과 견주리. 바닥에 뒹구는 둥지를 보니 통곡하던 그날의 아픔이 떠올랐다.

회복되지 않은 상처. 아주 오래전 일이지만 지워지지 않는 상흔이다. 두고두고 되살아나는 아픔이자 회복되지 않을 상처다. 새들의 울음소리는 그날의 아픔을 끄집어낸다. 통증이 재발한다. 찌릿한 양심의 소리다. 트럭과 함께 날카로운 톱날을 움켜쥔 그들이 나와 같은 상처를 입지 않기를 바랄 뿐이다. 상처는 언제나 칼을 쥔 손에 더 깊이 베이게 마련이니까. 그동안 알게 모르게 남을 아프게 한 수많은 것들로 나는 또 모르는 사이 속 깊은 상처에 피를 흘리고 있을지도 모른다. 역지사지를 떠올린다. 마음의 상처는 그 무엇으로도 완쾌되지 않으리니.

숲은 사라졌다. 새들의 축 처진 날개가 눈에 아른거린다. 새는 둥지를 찾아 허둥거릴 테다. 잃어버린 것들 생각에 잠도 이루지 못할 것이다. 사람과 새와 바람의 안식처가 사라진 거리에 골바람이 매섭다. 새와 함께 기댈 곳을 잃은 사람들이다. 위안받을 곳이 없는 세상에 서러운 것들의 울음이 밤을 적신다.

지금도 어둑해질 때면 새들의 방황하는 날갯소리가 들리는 것 같다. 모두 웃을 수 있는 날은 언제쯤일까.

어머니의 김치

　노모가 손 놓지 못하는 일이 있다. 노란 은행알이 거리를 뒹굴 즈음 어머니는 떠나는 계절만큼이나 다급해진다. 노령으로 몸은 가누지 못할지라도 꼭 해야 할 일이 있기에 늦가을 낙엽처럼 바스러져 가는 정신을 다잡고 있는 것이다.

　어머니의 김치. 어머니에게 있어 김장은 한 해의 갈무리이자 또 다른 해를 맞이할 채비이기도 하다. 마당 한 편에 흙을 파서 김칫독을 묻고 볏짚을 수북하게 덮은 채 겨울나던 시절을 그린다. 노리짱한 물고매에 돌돌 말아먹던 묵은지와 간담을 식히는 살얼음 동동 뜬 동치미의 향수를 여태 잊지 못하는 것 같다. 하여 맹추위가 오기 전 김장을 서두른다. 모든 열쇠를 다 맡겨도 김칫독 열쇠만큼은 놓치고 싶지 않은 당신이다. 그 열쇠는 핏기 없는 손이 거머쥔 마지막 자존심인양하다. 항아리 가득 김치를 채워두어야 다가올 해를 무난히 지낼 수 있다는 믿음이 쇠퇴한 심신을 꼭 붙들고 있을지도 모른다. 말이 겨울 김장이지 어머니의 김장은 연중 치르는 대 행사다. 행사는 이른 봄부터 시작이다. 은빛 찬란한 기장 바다에서 갓 건져 올린 멸치와 천일염을 버무려 항아리에 젓갈을 재우는 봄부터 시작된다고 봐야 할 테니까. 세 가구, 열 명도 족히 넘는 식구가 한 해 동안 먹어야 하니 그 양만 해도 어마하다. 무슨 일이든 직접 나서야 직성이 풀리는 당신이 재료를 선별하는 것부터 진행과 마무리까지 도맡는다. 하지만 호걸 같던 어머니도 마음뿐이지 집안일에서 손 놓을 때가 지나도 한참 지났다.

얼마 전까지 몸져누웠던 어머니다. 지병에 독감까지 겹쳐 수일간 곡기를 거르더니 정신마저 혼미해 자식들은 근심이었다. 하지만 자리에서 일어나자 늦은 김장부터 챙기신다. 자식들은 이번만큼은 손 놓으라고 당부에 당부를 거듭하였다. 하지만 고분이 따를 어머니가 아니다. 간곡한 호소는 귓등으로 흘린다. 어머니는 김장을 놓치면 새해를 맞지 못할 것처럼 하늘 같은 염려에 밤잠까지 설친다. 이 또한 유별난 자식 사랑인가. 반면에 자식들은 애가 탄다. 근심 보따리 하나라도 덜면 처진 어깨가 좀이라도 가벼우려나 싶어 나는 해마다 때이른 김장을 한다. 하나 어떠한 악조

건도 불사하는 어머니의 완강한 추진력으로 김장은 지금까지 연례행사로 장대히 치러지고 있다.

　어머니는 나를 긴급 호출하였다. 나는 당신의 건강 상태를 염두에 두지 않는 처사에 언성을 높이고 말았다. "자식들이 알아서 할 터인데 거동도 힘들면서 어찌 감당하려느냐."라며 다그치듯 물었다. 생전에 시어머니는 맏며느리에게 일찌감치 곳간 열쇠를 내어 주고 모든 집안일에 손을 놓았다. "나는 모른다. 너희들이 알아서 하거라." 하며 알고도 모른 척 멀찍이 물러나 있었다. 이 얼마나 분별 있고 지혜로운 처사인가. 우리 어머니는 그리하지 못한다. 사리가 뚜렷하고 생각이 확고한 당신이라 무슨 일이든 남의 손에 내맡기질 못한다. 이제껏 큰손으로 해결하지 못한 일이 없었기 때문이리라.

　큰손보다 큰마음. 큰아버지가 병상에 누웠을 때 큰어머니의 빈자리를 대신해 날마다 죽을 이고 지고 병원까지 날랐던 분이 아닌가. 오죽하면 큰아버지가 눈을 감는 순간에 자손들을 불러 숙모에게 효도하라는 간곡한 유언까지 남기셨을까. 아픈 사람에게 죽 한 사발 대접하는 손은 따스하였다. 그러한 어머니이니 피붙이에 대한 애정은 두말할 나위가 없을 테다. 그 애정은 용광로처럼 뜨겁기만 해서 구순 넘어 지병에 합병까지 겹친 지금까지 식을 줄 모른다. 보행기 없이는 한 걸음도 힘들 정도로 쇠약해진 지금도 김장철이면 벌떡 일어나 마음의 칼날을 벼리도록 갈고닦는 것이다.

이제야 알았다. 그것이 어머니가 삶을 살아가는 방식이란 것을. 두 발이 힘들면 손녀의 부축을 받던지 지팡이를 짚고서라도 재래시장을 보러 나선다. 삶의 냄새가 물씬한 시장터에서 물건을 살피고 고르고 낯익은 사람과 사람 사는 이야기도 나누고 자식 자랑도 하고 값도 흥정하면서 삶과 삶이 부대끼면서 당신이 이렇듯 살아 숨 쉬고 있음을 몸소 확인하고 싶었던 것이리라. 몸이 힘들 뿐 마음은 청춘인 어머니에게 "손 놓고 편히 쉬시라." 하는 배려와 인사가 정작 당신을 가장 외롭고 쓸쓸하게 하는 말인 줄도 모른다.

겨울이면 굳은 몸에 마음까지 움츠러드는 노인이다. 어머니가 다니는 노인정에도 빈자리가 늘어나는 바람에 말벗이 점점 줄어가고 있단다. 예기치 못한 사고나 질병으로 몸져누웠거나 작별 인사도 없이 떠나는 사람이 적지 않다는 것이다. 그런 날이면 어머니는 다급해진다. 하지만 그러한 사정을 알지 못하는 자식들이다. 우리는 아직 손 놓지 못한 어머니를 설득하고 회유하고 나무라기도 한다. 수수깡처럼 바스러져 가는 속을 생각하기보다 질책

하기에 바쁜 자식들이다.

어머니는 단지 김장을 원하는 것이 아닐 터이다. 김장을 빌미로 멀어진 자식을 당신 치마 끝자락으로 불러 모으고 싶으신 게다. 겨울바람이 문풍지를 흔들 때 아랫목에 발을 묻던 그 시절로 돌아가고 싶은 것이다. 절인 배추와 양념을 준비해 두고 이리저리 흩어진 자식들을 부르는 것은 큰아들과 며느리, 작은아들, 작은딸과 사위와 손주까지 어울리는 화목의 자리를 마련해 보고 싶은 것이리라. 갓 버무린 김치에 삶은 돼지 수육을 보쌈하여 한입씩 권해가며 오순도순 지내는 모습을 볼 때면 달꽃처럼 환한 어머니의 얼굴을 볼 수 있으니.

서로에게 스미다. 김치 맛의 비결은 조화로움이다. 개별성을 지닌 맛들이 결속하여 통합된 맛을 이루어낸다. 김치는 겸손하다. 무엇 하나 내세우지 않는다. 맛과 향이 다른 고춧가루, 젓갈, 마늘, 생강이 서로에게 속속 배어들어 진품 일품의 맛을 우려낸다. 어디 그뿐인가. 사람의 정성과 손맛까지 더하는 김치, 항아리의 숨결까지 담고 있다. 그러한 김치가 세월과 함께 곰삭아져 웅숭깊은 발효의 묵은지가 되듯 당신이 떠난 뒤일지라도 피를 나눈 형제가 정을 나누며 혈육의 끈끈한 연을 이어가기를 바라는 마음이 아니겠는가.

자식이 부모 속을 반이라도 알겠는가. 그저 지휘봉을 높이 든 당신의 지휘에 따라 '쿵작' 화음을 이루어 가는 게 최선이리라. 적어도 아직 우리 집에서 된장과 김치에서만큼은 어머니를 능가하는 사람이 없다. 이 또한 당신이 큰소리치며 대장으로 나서는 이유가 될 테다. 김장거리를 어림잡는 눈빛이 제철 맞은 배추처럼 생기 차다.

세 별 커피숍

온천 명소에 세 별이 떴다. 세 별 커피숍은 사철 끓어오르는 온천 수맥 끝 줄기 자락에 안락한 터를 잡았다. 그곳은 목마른 사람이 쉬었다 가는 우물가처럼 누구라도 들러 마른 마음을 축이는 마을 공동 휴식처다.

새바람을 맞다. 유구한 전통과 역사를 고집하던 동래 온천 일대에도 바람이 불어닥친다. 늦바람은 거세었다. 재개발 붐이 때를 만난 듯 몰아친다. 몇 개월 사이 헌 집이 무너지고 그 터에 고층 건물이 우후죽순 들어선다. 날렵한 건물은 땅도 모자라는지 하늘의 자리를 차지하려 허공을 바둥거린다. 낡아 명패마저 지워진 집들은 지게차와 불도저의 기합 소리만으로 맥없이 주저앉는다. 그 자리에 들어선 뜻 모를 영문자의 아파트가 심해를 치고 오르는 크라켄처럼 비늘을 번득이며 하늘을 향해 용트림 친다. 대를 이어 가던 소머리곰탕 할매의 호걸 스런 웃음도 사라진 지 오래다. 빈자리를 꿰찬 카페와 퓨전 중식집이 젊음의 기호에 따라 호황을 누린다. 예스러움을 고집하는 세 별 커피숍은 도시 한가운데 자리를 보존하는 마을 터줏대감이다. 그는 세월의 벽을 넘지 못한 집들이 산산이 부서지고 마침내 한 줌 먼지로 사라져 가는 모습을 지켜보았다.

세 별의 문을 열면 보약 냄새가 반긴다. 냄새만으로도 건강해질 것 같은 향기가 손님을 맞는다. 세 별엔 한방 보양차의 대명사격인 십전대보탕과 가을 향기 물씬한 대추차와 기관지를 씻어주는 오미자차와 국화같이 은근한 기품의 마담이 있다. 무엇보다 마음을 끄는 후한 정이 지나는 발길을 오래도록 붙잡고 있는지도 모른다. 또한 레트로 감성의 세련되지 않은 인테리어와 둔탁한 불빛, 7080 청춘 시절을 곱씹는 노래가 올된 고객의 취향을 제대로 저격하고 있는 것 같다. 그중에도 나는 들뜬 거리를 잠재우는 서정의 노래와 함께 온천동 일대의 정경을 한 편의 뮤비로 담아내는 널따란 창에 무엇보다 마음이 간다.

메뉴판엔 각종 한방차와 건강 차가 빼곡하다. 말이 커피숍이지 알고 보면 대추차, 쌍화차, 십전대보탕, 인삼차, 갈근탕, 생강차,

오미자차, 마차, 국화차와 계절 특미인 단팥죽과 팥빙수 등이 주 메뉴이고 커피는 아무래도 구색용 메뉴에 불과한 것 같다. 차 한 잔에도 고객을 생각하는 마음이 담겨 있다. 전통차는 주인이 발품을 팔아 구한 것으로 오랜 시간과 공을 들여 절이고 달이고 앉힌 것이라 가공할 수 없는 맛이 깃들어 있다. 얼마 전 독감으로 꼼짝 없이 자리를 보전할 때 잣과 흑임자를 동동 띄운 쌍화차의 쌉싸름한 향기가 코끝에 아려 병을 벗자 득달같이 달려왔었다.

세 별의 주 고객은 은발이 멋진 노신사들이다. 황혼 길을 여유로이 걸어가는 사람들이다. 세 별은 조반 겸 오찬을 든 그들이 금강공원 둘레길을 쉬엄쉬엄 걷다 갈증도 달래고 마른 목에 걸린 외로움을 녹이려 들르는 필수 산책 코스이다. 반나절 묵언수행하던 이들도 한방차 한잔이면 격의 없는 친구가 되어 신변잡사와 노정의 삶에 대해 늦도록 열을 올린다. 이들은 때로 언성을 높이기도 하지만 내일이면 안부가 궁금해지는 이웃 사촌지간이다.

세 별엔 메뉴판에 없는 특별 메뉴가 있다. 남다른 정이다. 그 정은 메마른 고목에 물을 올리고 새잎을 피우게 한다. 하여 유쾌 통쾌한 웃음과 황혼의 낭만이 있는 세 별에서는 모두가 은백 청춘이 된다. 주인의 후덕한 인심은 덤이다. 앉자마자 제철 과일과 주전부리가 수북이 차려지고 차를 마시는 동안 몇 번이고 빈 접시가 채워진다. 심심할 사이가 없다. 하여 한 번 온 사람은 있어도 한 번만 오는 경우가 없을 정도로 사람을 당기는 묘한 맛과 멋이 있는 곳이다. 정겨운 얼굴과 귀에 익은 노래가 있어 혼자여도 혼자이지 않은 세 별이다.

세 별이 뜬다. 세 별 커피숍에는 세 개의 별이 뜬다. 노을 가신 창에 별이 뜰 때면 별을 올려다보는 눈동자에 별이 뜨고 김이 모락한 찻물에도 별 하나가 동동 어린다. 정성 입힌 차 맛도 일품이지만 인과 정의 맛에 이끌리는 사람들로 세 별은 연일 북적인다. 그곳은 늘그막에 마음 붙일 데 없는 사람들이 꼭 막힌 마음의 물꼬를 터놓을 수 있는 동네 사랑방이다. 봄날같이 훈훈한 사랑방엔 날마다 형형색색 이야기꽃이 봉긋봉긋 피어난다. 그 꽃은 사철 시들지 않는다. 주인은 찻잔을 채우랴, 안부를 물으랴, 외로움을 살피랴 이리저리 분주하다. 테이블 사이를 누비는 치맛자락이 향긋한 바람을 일으킨다 그 바람은 아련한 향수를 부른다.

커피 향에서 익숙한 냄새가 난다. 아버지의 하루는 모닝커피로 시작되었다. 끼니를 걸러도 커피는 거르지 못하던 지독한 커피마니아였다. 쉬는 날이면 온종일 손에서 잔을 놓지 못하였으니. 다방은 아버지가 어머니 눈을 피해 호시탐탐 즐겨 찾던 당신만의 은밀한 놀이터였다. 홀로 나서기 머쓱한 아버지는 나와의 산책을

핑계 삼았다. 어린 나는 큰손에 이끌려 신세계의 문턱을 넘나들었다. 호기롭게 서너 잔의 커피를 주문하는 목소리는 좀 전과 달리 남성미가 흘렀다. 그때만큼은 누구보다 당당하고 자신감 넘치는 사나이였다. 그곳은 낭만의 음악이 있었고 웃음이 있었고 무엇보다 물을 머금은 꽃과 같이 싱그런 미소와 무슨 말이든 끄덕이며 응수하는 친근한 말벗이 있었다. 아버지는 오아시스와 같은 그곳에서는 고달픈 일과와 짓누르던 가장의 무게를 벗을 수 있었으리. 한 가족의 생계를 등이 휘도록 짊어져야 했던 현실의 고단함을 잠시나마 훌훌 벗어 내릴 수 있었을 테다.

날개를 접다. 바람을 휘저으며 길을 열어가던 스팽글의 깃털은 낡고 해져 더는 날아갈 수 없는 늙은 새, 편히 쉬어 갈 둥지를 찾아 이곳저곳을 기웃거린다. 마음 접어 내릴 곳을 찾는다. 찬란했던 젊은 한때의 이야기를 영웅담으로 주고받으며 헐거운 마음을 위무해 줄 여생의 벗을 찾는다. 세 별은 그러한 새를 품어주는 그들만의 둥지가 되었다.

마음이 추워지는 겨울이다. 그리울 때 찾아갈 곳이 있다는 건, 빈약해져 가는 삶을 얼마나 풍요롭게 하는지. 세 별은 잊었던 젊음과 낭만의 시절을 잠시나마 떠올릴 수 있는 곳이다.
세 별 가운데 유독 밝은 별 하나가 반짝인다.

비와 바람의 관계

쇼팽의 녹턴에 빗소리를 얹는다. 통통 튀어 오르는 빗방울 소리가 바람을 다소곳이 잠재운다. 비와 바람의 아름다운 하모니는 우악스러운 세상을 다독이는 천상의 손길이다.

비와 바람의 관계. 비와 바람은 '쿵'하면 '짝'하고, 합이 좋을 땐 찰떡 호흡을 자랑하는 한 쌍의 커플이다. 하지만 '쿵짝' 장단을 맞추기보다 어깃장 지기 일쑤인 비와 바람이 아닌가. 비와 바람은 거느리는 식구만 해도 부지기수다. 가지 많은 나무 바람 잘 날 없다고 한시도 잠잠하지 않은 비와 바람이다. 고열에 들뜬 높새바람이 있는가 하면 밤새 어질러놓고 수습도 없이 훌쩍 달아나는 달구비도 있다. 비와 바람, 시도 없이 투닥거리며 분탕질 싸움에 불협화음을 쏟아내는 이들을 보고 있노라니 이해보다 오해를,

화목보다 불화를 일삼던 젊은 한때 우리 부부를 보는 것 같다. 어디 늘 맑기만 할 삶이겠나. 청정한 하늘에도 모루구름이 떠 있듯 평온한 날에도 바람은 머물러 있으리니.

　봄가을 거리를 살랑거리는 명주바람과 색바람만 바람이겠나. 극한 계절의 싹쓸바람과 서릿바람도 바람 중 바람이려니. 바람도 제어하지 못할 바람의 속성과 기질에 바람마저 속수무책일 때가 있다. 또한 질풍노도의 바람과 함께 오락가락 변덕이 죽 끓듯 하는 비가 아닌가. 비도 타고난 기질에 따라 걸음 소리도 조심스러운 보슬비가 있는가 하면 땅이 꺼져라 퍼부어 대는 억수비도 있다. 비와 바람, 둘은 태어난 곳도 질량도 성격도 기운마저도 달리하니 이해할 수 없는 건 서로가 매한가지일 터이다. 둘 사이 오랜 불통은 상심의 골을 만든다. 골과 골이 이어진 저기압 전선, 곧 들이닥칠 소나기를 예보한다.

　마른하늘에 날벼락. 마른하늘에 날벼락이 칠 소냐. 심사가 뒤틀어진 바람은 하늘이 무겁도록 적운을 쌓는다. 구름과 구름이 무력 충돌한다. 번개가 번득인다. 벼락이 친다. 번개는 소나기의 전조증상 아닌가. 쌓인 분노가 터뜨려진 것이다. 깊을 대로 깊어진 기압골, 긴 장마 전선이 예상된다. 씩씩거리는 바람과 울분을 토하는 비의 티격태격이 언제쯤 끝이 나려는지. 막 피어난 꽃송이가 비바람의 소용돌이에 바들거린다.

　칼로 물 베기. 비와 바람의 끝이 보이지 않을 것 같던 투쟁은 마침내 끝이 났다. 승자도 패자도 없는 전투, 칼로 물 베기의 싸움은 늘 그렇듯 결말 없이 마무리된다. 하지만 잦은 투쟁이 이산의 개체를 결집시켰는가. 먹구름 뒤 파란 하늘이 있듯 미움의 뒤안길엔 사랑이라는 것을. 근시안의 눈에 잡히지 않는 사랑, 둘은 그리울 만큼의 거리에서 바라보기로 한다. 하여 바람의 몇 발자국 뒤를 비가 따르거나 구름의 꽁무니를 따르는 바람을 볼 수 있다. 그러나 위기엔 두 힘을 모은다. 연합전선을 이룬다. 대적할 수 없는 막강한 힘으로.

　오늘은 호우주의보. '카톡, 카톡' 신호음이 울린다. 외출을 삼가란다. 호우주의보가 경보로 바뀌었다. 산책로와 해안가, 급경사지의 출입 자제와 상습 침수지역에서는 차수판 설치와 모래주머니를 준비하라는 안전 주의보가 빗발친다. 온천천 물살이 거세어간다. 경계 주의선까지 수위가 차오르고 경계선을 따라 붉은 깃발이 세워진다.

　웬걸. 우리는 외출을 서두른다. 비바람을 마중 갈 참이다. 어느 것 하나 공감되지 않는 우리의 유일한 공통점이 비를 좋아한다는

것이다. 그것도 비바람을 치고 가르는 아슬한 드라이브를 즐긴
다. 위험천만인데도 말이다. 그럴 때면 전우애마저 발동한다. 공
공의 적을 물리치려 공동작전을 모의하는 의리의 전우가 되는 것
이다. 안개와 같이 뜻하지 않은 장애물과 맞설 때면 전우애는 더
욱 공고해진다. 예전엔 해일의 바다가 궁금해 호우주의보가 발령
되는 날이면 우의를 입고서라도 폭풍 치는 바다를 찾았다. 절체
절명의 고비를 맞아 해저의 힘까지 끌어모아 전심으로 항거하고
저항하는 바다를 보며 힘을 얻곤 하였다. 매 순간 치열하게 살아
가는 바다를 보며 새로운 각오를 다지기도 했다. 이제는 그러한
폭우 속을 둘이 걷는다. 만군의 군사를 얻은 듯 든든하다. 우리는
승리를 자축하는 바다를 본다. 부서지고 넘어지고 일어나기를 거
듭하며 자력을 키워가는 바다를 보노라면 세상사 무게가 깃털처
럼 가벼워진다.

　다시 보는 비와 바람. 바람이 비를 몰고 오는지 비가 바람을 몰
고 가는지 나로선 알 수 없다. 때로 바람이 먼저 와 길을 터주고,
어떤 날은 비가 늦은 바람을 재촉하기도 하는 것 같다. 또 비가
그친 후 바람이 비의 젖은 등을 톡톡 두드리며 말려주기도 한다.
이는 하늘이 맺어준 천생연분이 아닌가. 생각해 보라. 삶에서 바
람만 있다면 열풍의 건조한 사막 같은 삶을 어찌할 것인가. 또 바
람 없는 장마의 습하고 젖은 마음을 또 어찌할 것인지. 하여 바람

과 비는, 비와 바람은, 서로를 떠나 존재할 수 없는 불가분의 관계인 것이다.

또다시 맑은 날. 바람이 숨죽여 불어온다. 비는 바람을 뒤따른다. 보슬비가 후루룩 꽃잎을 훑는 소리, 비와 바람이 앞서거니 뒤서거니 하며 꽃비 내리는 길을 걸어간다. 비와 바람은 한 번도 다툰 적 없는, 한 쌍의 비둘기처럼 평화롭고 다정스럽기만 하다. 비는 바람을 타고 산을 흐르고 개천을 흐르고 강으로 흐른다. 온갖 기류 중에서 우리와 가장 친근한 비와 바람이 아닌가. 빗소리를 베고 잠자리에 든다. 비와 바람의 협주곡에 꿀잠을 예약한다.

쇼팽의 녹턴 2번이 절정에 다다른다. 멜로디를 타고 비와 바람이 드레스 옷깃을 나비와 같이 너울거리며 왈츠를 춘다. 사랑으로 미움으로 오래 함께 지내왔다. 이제는 침묵으로도 내통할 사이다. 불협이 협의가 되고 불통이 소통이 되고 눈빛만으로 공감하는 너와 나. 우리는 비와 바람이런가.

실버 대학

　마을 최강 동안들이 모였다. 한 주 동안의 이야기를 가닥가닥 풀어놓은 교실은 시끌벅적 활기가 넘친다. 초고속 타임머신을 타고 시간의 기류를 거스른 듯 실내는 단발머리의 수정알 같은 웃음소리로 가득하다.

　목요일의 데이트. 특별한 나들이가 기다려지는 목요일 아침이다. 하얀 머리는 약속 시간에 늦어질세라 종종거린다. 거울에 온몸을 이리저리 비추어가며 머리를 빗어 다듬고 옷매무새를 요리조리 고치고 꽃단장을 서두르는 모양새가 틀림없는 청춘 시절 모습이다. 시곗바늘을 수만 바퀴나 되돌려 가슴 설레던 홍안의 날로 회귀한 듯하다. 실버 대학은 매주 목요일을 등교일로 반나절 동안 수업을 한다. 하여 늦깎이 학생들의 시계는 목요일이 중심축이 되어 돌아가고 있다. 밀린 이야기보따리를 빠뜨릴까 생각날 때마다 차곡차곡 기억 주머니에 쟁이는 것도 잊지 않는다. 그곳은 두서없는 이야기를 흩어놓아도 흉허물이 되지 않을 동년배들이 있다.

학교 종이 땡땡땡. 장롱 속에 접어둔 외출복이 모처럼 빛을 보는 날이다. 옷을 꺼내는 얼굴에 햇살 웃음이 번진다. 지팡이나 보행기 없이는 한 발 내딛기도 불안한 그들이지만 아랑곳하지 않는다. 마음은 저만치 앞서 달리고 있다. 그곳은 표정만으로 공감하고 소통하는 또래 친구가 있고 때마다 안부를 물어주는 선생님이 있고 목청껏 노래하고 흥에 겨우면 덩실덩실 춤출 수 있는 장단이 있고 굳은 관절을 풀어주는 건강 체조가 있고 계절을 마중하는 소풍이 있고 무엇보다 수업이 끝난 후 삼삼오오 어울리는 진미 밥상이 있다. 인근 교회는 열성 만학도를 위해 교실을 내줄 뿐 아니라 점심까지 대접하는 과분한 온정을 베푼다.

잊은 나를 만나다. 학생들이 삼삼오오 교문을 들어선다. 머리는 서릿발이 수북 내리고 움직일 때마다 앓는 소리가 절로 터져 나오는, 어쩔 수 없는 노구일지라도 아직도 궁금하고 알고 싶은 게 많은 눈동자는 반짝인다. 책상 앞에 앉을 때마다 왠지 모를 생각에 뭉클거린다. 피어 보지도 못한 채 시들어버린 청춘의 꿈이 떠오른다. 지금까지 내어주고 품어주던 아름드리 큰 나무였다면 이제부터 해를 보고 바람을 만끽하며 나만의 꽃을 피우는 잎 푸른 나무가 되어보기로 한다. 느지막이 주어진 행복의 기회를 다 잡아 본다. 늦깎이 학생들은 비로소 내 삶의 객체가 아닌 주체로서 어색한 첫걸음을 떼어보는 것이다.

　주름 속 가려진 시간. 저마다 굽이진 삶의 곡절을 건너온 이들이다. 누군들 주름 사이 눈물 흔적이 없을 것인가. 세월이 흘러 너울이 잔잔하니 저 건너 수평선이 비로소 눈에 잡혀 온다. 하지만 고개를 들자 어느덧 가까워지는 이별의 시간이다. 이별을 생각하면 삶의 무상함과 허무함에 한없이 쓸쓸해지기도 한다. 하지만 함께 배우고 어울리는 시간만큼은 그렇지 않다. 그 모든 우려와 시름이 씻은 듯 거두어진다. 웃을 때마다 늘어나는 주름은 어쩔 수 없지만 배움에 있어 젊은이 못지않은 열정과 용기를 지닌 명랑 시니어들이다.

　가르치고 배우다. 실버 대학 강의를 맡은 지 두어 해가 지났다. 봉사의 마음을 담아 부족한 데로 첫발을 내디뎠다. 이젠 그들의 쓰나미 같은 열의가 열화와 같은 응원이 되어 못 미친 나를 이끌어 간다. 학생이 솔선하는 선진수업이다. 학생이 수업을 주도하는 진보적 수업이 이루어지고 있는 셈이다. 매번 힘찬 박수와 칭찬과 격려의 선물을 한 아름씩 받아 든 내 가슴은 벅차오른다. 한참 아래인 사람에게 예우를 다하는 은빛 머리를 보며 작은 일에 감사하는 큰마음을 배운다. 가르치고 배우는 기쁨을 동시에 누리는 나는 이곳의 교사이자 삶의 이치를 한 수 배우는 학생이기도 하다.

실버 청춘. 점차 늘어가는 학생으로 드넓은 강당이 빼곡하다. 입소문을 듣고 친구나 이웃의 손을 잡고 온 사람들로 교실은 대만원이다. 배우고 싶은 의욕과 열의는 한더위와 강추위도 물리칠 만큼 뜨겁기만 하다. 열기는 식을 줄 모른다. 배움의 즐거움을 누릴 줄 아는 실버들이다. 그 열기에 녹아나지 않을 것이 무엇인가. 큼지막이 쓴 이름표를 목에 걸고 지각할세라 뒤뚱거리는 모습이 아찔해 보이기도 하지만 그 무엇도 두렵지 않은 노장들이다. '내 나이가 어때서'라는 노랫말처럼 나이는 숫자에 불과한 것을 몸소 증명해 보이는 사람들이다. 노래하여서 행복하고 행복하여서 노래하는 그대들을 '실버 청춘'이라 부르고 싶다.

행복 놀이터. 실버 대학은 어르신들의 사랑방이자 행복 놀이터다. 감정이든 신체든 쓰지 않으면 퇴화하는 게 자연의 법칙인 것을. 하여 그곳은 많이 웃고 듣고 떠들고 이야기하고 노래하고 움직이면서 굳어가는 몸과 마음을 유연하게 풀어주는 심신 재활 센터가 되기도 한다. 경직된 마음 근육을 이완하고 스펀지처럼 무르게 하는 물리치료실이기도 하다. 엿처럼 늘어난 시간을 쫄깃하고 탄력 있게 만드는 생활 교육 센터이기도 하다. 무력한 심신에 활기를 불어넣는 에너지원이다. 실버 학생들은 한 주일에 한 번씩 방전되어 가는 삶에 새 활력의 예방주사를 맞는다. 실버 대학은 가만있어도 신음 소리가 새어 날만큼 성한 곳 하나 없는 육신과 정신을 한방에 물리치게 하는 천연진통제이자 자연치유 능력을 촉진하는 해피 바이러스를 무한 생산하는 에너지 공장이 아닐는지. 애정 어린 눈길과 보이지 않는 수고와 헌신이 발전기의 주연료가 될 터이고.

"바로 지금이 내 생애의 가장 소중한 순간인 걸 아시죠. 모든 걱정 염려 다 지우고 신명 나게 한 판 놀아 봅시다. 웃어야 또 웃을 일이 자꾸 생기니까요." 내게는 곱게 차린 어르신들이 꿈과 끼가 넘치는 학생으로만 보인다. 천진하게 웃는 얼굴이 그러하고 호기심 어린 눈동자가 그렇게 말하고 있다. 잎도 꽃도 시들어 향기마저 저문 꽃이라 한들 어떠리. 다 늙어 바람 숭숭 난 고목 나뭇가지 끝자락에도 피어나고 싶은 꿈이 있다는 것을. 지금을 맹렬히 살아가는 사람들에게 있어 추억을 말하기엔 아직 이르다.

뿌리로 살다. 한 시대의 생명 뿌리를 굳게 내려준 이들이다. 뿌리 깊은 나무는 시들 뿐 죽지 않는다. 꿈꾸는 나무가 시들지 않듯.

마지막 편지

촛농이 눈물 되어 흐른다. 제 안의 불씨를 다 사른 심지는 꺼질 듯 나약한 숨을 몰아쉬고 있다. 삶이 완전히 연소되기 전 내가 받은 위안을 조금이나마 되돌려주고 싶은 간절함이 나를 책상 앞으로 이끈다.

계절과 함께 저물어가다. 계절과 함께 속히 떠나려는 것들로 늦가을 거리는 밤낮없이 수런거린다. 바람의 기척에 깨어나 문을 열면 새벽이슬을 물고 먼 길 달려왔을 구절초, 아스타, 수레국화 등 무성한 꽃다발이 입안 가득 향기를 머금고 있을 것만 같다. 옹기종기 어깨동무한 들꽃 사이로 해처럼 환한 웃음소리가 들려오는 듯하다.

노래하는 방랑 시인. 시를 애인처럼 여기던 사람이었다. 각종 신문과 잡지에 발표된 신춘문예 글들을 한 해도 빠짐없이 스크랩해 두고두고 음미하였다. 한시도 시를 떠나지 않던 열정의 시인이자 평생토록 시를 공부하던 열혈 문학도였다. 칠순이 넘은 지금까지 그 열기는 식지 않았다. 젊지도 않은 나이에 생면부지의 시인을 만나겠다며 늙은 아내를 앞세워 먼 길을 한걸음에 달려왔던 사람이었다. 그를 만나자 먼저 눈에 띈 것은 손에 든 낯익은 시집이었다. 읽고 또 읽어 닳아 해졌다며 부끄러운 미소를 지어 보였다. 어쩌면 정제되지 않은 한 묶음의 시를 세상 밖으로 턱 하니 내놓았던 내 두둑한 배포와 맞먹는 주저 없는 행동이었다. 그렇다. 바로 그러한 점이 우리 두 사람의 공통분모라 할 수 있겠다.

　글을 쓰는 이유. 내게 있어 글을 쓴다는 것은 삶의 무상함과 허무로부터 탈주이자 반복된 일상으로부터의 일탈이기도 하다. 또한 나 홀로 읊어보는 삶의 독백이자 변주 없는 노래다. 나도 모를 나를 찾아가는 길이며 또 다른 세상으로 나아가고자 하는 부단한 날갯짓이기도 하다. 또한 속절없고 공허한 것들을 생의 전부인 양 끌어안고 전전긍긍하는 무력한 내 의식에 대한 항거이자 저항이며 그러한 나에게 보내는 위로와 격려의 노래이기도 하다. 지금까지 그러한 노래를 홀로 불러왔다면 이제 독백과 같은 노래를 함께 흥얼거릴 친구가 생긴 것이다. 내 삶의 노래에 귀 기울여줄 누군가가 생겼다. 하여 나는 이제 노래를 멈출 수 없다. 마치 들어주는 단 한 사람을 위해 노래를 멈추지 않는 어느 가수처럼.

노래 부르게 하다. 신인 가수는 떨리는 손으로 무대 가운데 놓인 마이크를 들었다. 긴장으로 등줄기에 식은땀이 흘러내렸다. 객석은 군데군데 비었고 빈 객석을 헤매던 눈이 마침내 한 곳으로 멈추었다. 무대 앞자리에 장애를 앓는 아이가 탄 휠체어에는 링거가 매달려 있었다. 나뭇가지처럼 얇은 팔에 링거를 꽂은 아이를 바라보며 가수는 가까스로 마음을 진정시키며 노래하였다. 노래가 끝나고 두 사람은 서로를 향해 동그라미를 그렸다. 아이는 웃음을 되찾았다. 그 미소는 신인 가수가 나아갈 길을 제시해 주었다. 가수는 노래를 멈출 수 없었다. 어디선가 내 노래에 위로받고 있을 한 사람을 위해 언제까지나 노래를 불러야 했다.

삶을 노래하는 사람. 그는 삶을 노래하였다. 누에가 고치에서 실을 뽑듯 방대한 삶의 서사를 글로 담아내었다. 일상이 노래이던 그에게 서투른 풋내기의 글이 무에 그리 특별하였을까. 단지 잘 익은 과일과 같이 달고 숙성된 맛은 없을지라도 설익어 아리고 새콤한 맛이 미뢰를 '툭'하고 건드렸으리라. 읽는 내내 사는 일이 참으로 따스한 것을 알려 주어 위안이 되었다고 감사의 인사까지 곁들이는 게 아닌가. 빈약한 글을 칭찬과 격려로 북돋웠다. 칭찬의 무한한 가능성을 선택한 대인배의 마음이리라. 그 말은 효험 좋은 약이 되었다. 그로부터 한 사람의 애독자를 위해 쏟아지는 잠을 물릴 수 있었다. 신화 속 피그말리온처럼 나는 그의 끊임없는 관심과 애정으로 내 삶을 전력 질주하였다.

향기로 말하다. 글과 말에서 사람의 향기가 난다. 고통과 시련을 저만의 빛과 향기로 가꾸어내는 꽃과 같이 고비 삶을 지나온 사람에게 피어나는 향기는 깊고도 깊다. 맡는 이에 따라 조금씩 달라지는 향기. 향기는 느낄 수 있는 자만의 것이라. 바람은 숨은 향기를 들추어낸다. 그는 그늘에 가려진 향기를 '훅'하고 불러내는 작은 바람이었다. 진정 향기를 향유할 줄 아는 낭만가객이었다. 설익은 열매에서 농익은 향기를 떠올릴 수 있는 자, 서투른 향기에 흠뻑 취할 수 있는 그대야말로 영원히 지워지지 않을 불사조의 향기가 아닌가. 무감동, 무관심, 무반응이 관습이 되어가는 무색무취의 세상을 가을 산처럼 울긋불긋 물들이는 가슴 뛰는 사람이었다.

바람은 향기를 지우지 않는다. 바람은 향기를 깊이, 더 멀리 나아가게 한다. 지는 꽃도 피게 하는 바람이 아닌가. 하지만 지금 그 바람은 바람으로 사위어간다. 그는 점점 깊어가는 병세로 더는 항거할 수 없는 상태가 되었다. 하얀 시트 위에서 유장한 노래는 멈추었다. 바람의 여정은 거기까지인가. 바람은 생명을 피웠고 싹을 길렀고 청춘을 태웠다. 지금, 그 바람은 한 줌 바람결로 바람길을 나선다. 돌아오지 않을 바람의 길. 하지만 그를 기억하는 사람의 곁에 떠나지 않는 영혼의 숨결로, 지지 않을 바람으로 머물러 있을 것을 나는 알고 있다.

시인은 가도 노래는 남는다. 나는 마지막 길에 벗이 되어 줄 노래를 부른다. 가는 길을 배웅할 시 한 편을 바람의 손에 쥐어 주려 한다. 내가 받은 위로의 한 조각을 덜어 그에게 돌려드린다. 그의 아내는 가물한 의식에 이별 노래를 전하였다. 가는 동안 외롭지 않도록 입김으로 불어넣었다. 다시 만난다면 모자란 글에 힘을 부어주던 풍류객과 좋아하던 막걸리와 얼큰한 동태찌개를 반주 삼아 시공을 넘나드는 사랑에 대하여, 산다는 것에 대하여, 또는 바람과 꽃과 나무의 생애에 대하여 그리고 시와 인생에 대하여 입이 마르도록 이야기하고 싶다.

다시 바람이 불어온다. 시에 취해 덩실거리는 뒷모습이 보인다. 시란 영혼의 친구와 동반하는 행복의 길이리. 위안을 주던 그대에게 위안을 동봉한다.

IV ——————————————— 굴비

굴비

　달아난 입맛을 찾으려 한다. 어머니의 가신 입맛을 되돌리려 온 가족이 머리를 맞대었다. 무뎌가는 미각을 되살리기엔 간이 짭조름하니 씹을수록 진미가 우러나는 굴비가 최고일 거라 모두 입을 모았다.

　무더운 날씨 탓인가. 어머니는 좀체 당기지 않는 입맛으로 이즈막에는 부쩍 수척해진 얼굴에 말수도 줄고 웃음까지 잃었다. 수척한 어머니를 보니 근심을 깨우던 호탕한 웃음까지는 아니어도 버럭 하는 호통이라도 듣고 싶어지는 자식들이다. 우리는 가신 입맛을 되돌려줄 짭조름한 굴비를 떠올렸다. 어쩌다 밥상에 올려도 자식들에게 살점을 발라주느라 정작 당신의 몫은 마른 대가리와 살 없는 가시뿐이었을 것이다. 그런 노모에게 장성한 자식들은 알이 차고 두툼하게 살이 오른 굴비를 깜짝 선물로 보내기로 하였다.

그러한 진심이 통하였을까. 길게 펼친 굴비 한 두름을 바라보는 눈가에 이슬이 고였다. 새끼줄로 얼기설기 엮인 굴비는 얼핏 보기에도 진상품의 품위가 그대로 드러났다. 가슴 졸여가며 키웠던 자식들이 아닌가. 하지만 어느덧 자라 늙은 어미를 염려하고 있다는 것만으로 노모의 가슴은 설레었다. 아들딸이 보내준 굴비는 여느 생선과 대접이 달랐다. 손수 다듬고 손질하여 곱게 싸서 모셔 두었다 잊힐 만하면 한 마리씩 꺼내 먹을 요량이었다. 두고 두고 자식 사랑을 진득하니 누려 볼 생각에 고기 한 점을 먹기도 전에 길어진 입꼬리가 치올라 간다. 때깔 좋은 굴비를 들추어 볼 때마다 비릿한 냄새와 함께 행복해지는 건 노병의 특효약인 관심과 사랑 때문일 테다. 굴비는 노모의 울음보를 툭 하고 건드렸다. 젖은 굴비를 보니 가난하지 않았던 그날이 어제처럼 떠오른다.

어둠을 뚫는 소리. 하루를 여는 부지런한 소리가 이웃들의 단잠을 깨우곤 하였다. 일찍이 남편을 여의고 아들과 단둘이 살아가는 문간방 새댁은 몸도 마음도 바지런하였다. 굴비보다 가는 허리는 새벽바람을 해치며 날마다 굴비를 팔러 다닌다. 묵직한 굴비 양동이를 똬리에 받쳐 이고 이 골목 저 골목 찾아다니며 온종일 목이 터져라 "굴비 사세요."를 외쳐야 했다. 빈 양동이를 이고 집으로 돌아올 때면 누런 저고리에 절인 땀방울이 하얀 소금 꽃으로 피어났다. 팔다 남은 굴비는 늦도록 어미를 기다리는 아들의 늦은 저녁 찬으로, 나머지는 폐만 끼치는 이웃들에게 한 손씩 나누어졌다.

견고하게만 보이던 둑도 와르르 무너지는 날이 있었다. 팔월 뙤약볕에 온종일 발품을 팔았으나 허탕을 치고 돌아오던 날이었다. 새댁은 대문을 들어서자 마당에 퍼질러 앉아 참았던 설움을 쏟아내었다. 더위 먹은 굴비는 축 늘어졌고 콤콤한 냄새마저 예사롭지 않았다. 한 지붕 아래 한 집안 같이 살아가는 우리들이 아닌가. 고달픈 살림에도 맛보라며 한 손씩 건네주던 사람이었다. 눈물 많고 정도 많아 이웃의 일이라면 만사형통으로 해결사 역할을 자처하던 어머니가 한발 앞으로 나섰다. 젖은 굴비를 덥석 집어 들었다. 당시 굴비는 어쩌다 귀한 손님의 밥상에나 한 마리씩 올리던 것이었다. 없는 형편에 군침만 삼켜왔던 생선이 아니던가. 이참에 큰맘 먹고 넉넉히 장만해 한 지붕 식구들과 나누어 볼 참이었다. 힘들고 어려운 일을 마다하지 않는 여장부 같은 어머니지만 가슴엔 봄꽃 같은 정을 지니고 있었다.

그날 저녁, 안방 대청마루에서 때아닌 잔치가 벌어졌다. 왁자한 웃음소리와 함께 한 지붕 식구들이 저녁 준비에 너도나도 팔을 걷어붙였다. 요리 대장인 상현이 엄마의 전두 지휘 아래 김이 모락 하도록 찐 굴비, 고소하게 구운 굴비, 갖은양념으로 치장한 조림 굴비로 모둠 굴비 밥상이 한 상 거나하게 차려졌다. 모처럼 왕의 밥상을 앞에 두고 왕보다 커진 마음들이 굴비를 먹으며 뿌듯한 웃음을 지었다. 보글보글 끓어오르는 찌개처럼 이웃 간의 정도 들끓던 시절이었다. 삼복더위보다 더 뜨거운 정이 흐르는 한 지붕 아래 식구들은 그 저녁에 굴비보다 더 깊은 인정을 맛보았으리라.

노모는 굴비를 조심스레 꺼낸다. 입을 다물어도 입가에 배어 나오는 웃음을 숨길 수 없어 연신 손등으로 훔쳐내기 바쁘다. 어머니는 마치 비밀스러운 연애편지를 밤새 읽고도 다 읽지 못해 종이가 해지도록 읽고 또 읽고 싶은 소녀가 된 것만 같다. 큰 냄비에 매콤달콤한 양념을 둘러 굴비 속까지 양념이 배어들게 뭉근히 끓인다. '오늘 저녁은 아들딸과 겸상을 하리라. 도란도란 나누는 이야기가 맛난 찬으로 차려지는 저녁을 먹으리라.' 그러한 다짐이라도 하는 듯 상을 차리는 두 손이 흥겹기만 하다. 보글거리는 냄비 뚜껑을 열어보는 얼굴이 가을 홍옥보다 붉다. 어머니는 맛깔스러운 냄새만으로도 보양식을 한 그릇 다 비운 듯 굽은 등에 활기가 감돈다.

어머니가 자식들의 사랑으로 가신 입맛을 되찾은 것처럼 그날 젖은 양동이에 흘러넘치던 이웃들의 살가운 정이 새댁을 다시금 일으켰다. 연하고 부드럽기만 하던 조기가 짜디짠 천일염과 소금 바람을 만나 탄탄하고 쫀득하면서 깊은 맛이 감도는 상급 굴비가 되듯 팔 남매의 맏이로서 행상 나간 모친을 대신해 어린 동생을 업어 달래고 집안 살림까지 도맡아야 했던 어머니는 흩어진 물줄기를 다 모아 흐르는 넓디넓은 강과 같은 마음이 되었으리. 어머니의 가슴엔 인정의 물결이 쉼 없이 출렁인다. 그 곁에서 자라난 우리는 당신의 모습을 거울처럼 비추어내고 있다.

　굴비를 보니 굴뚝마다 구름 같은 정이 피어나던 그때가 그리워진다. 때때로 새벽을 깨우는 소리에 잠을 깬다. 그런 날이면 어디선가 골목을 채우던 앳되고 청량한 외침이 들려오는 듯하다. '굴비 사요. 물 좋고 사람 좋고 인심도 좋은 곳에서 나온 때깔 좋은 참굴비 사요.' 낭랑한 목소리가 능선에 걸린 해를 끌어올린다.

밥 한번 먹어요

　"언제 밥 한번 먹어요." 돌아서는 뒷덜미에다 마침표 대신 느낌표를 남기는 인사말이다. 헤어지기 아쉬울 때 다시 만날 약속의 키를 상대편에 넌지시 건네주는 것이다.

　의례적 인사인가. 사람에 따라 '언제'와 '밥'에 방점을 찍겠지만 지금껏 허울 좋은 인사치레일 뿐이라는 누명과 오명을 벗지 못하고 있다. 그렇다고 의미 없는 공수표는 아닐 터이다. 생명 유지의 존엄한 밥을 놓고 어찌 실없는 농담을 하랴. 마음을 떠보는 인사라 할지라도 듣는 이에게는 두고두고 되뇌고 싶은 여운의 말이 아닐는지. '후루룩 쩝쩝' 게걸스럽게 먹어대는 일이 그리 아름다운 모습은 아닐 터이다. 하여 밥을 함께 먹자는 말엔 덧대고 가릴 것 없이 터 놓아보자는 뜻이 숨겨져 있을 것 같다. 밥상머리에서 만남만큼 단시간 내 사람 간의 결속을 다지는 일도 없을 것이니. 하니 헤어질 때 밥 한번 먹자며 슬쩍 농담처럼 던지는 나의 인사는 지금보다 좀 더 가까이, 친밀하게 지내보자는 내 나름의 적극적인 구애라 할 수 있겠다.

왜 밥이어야 하나. 현대인의 기호식품인 커피나 빵으로 대체할 수는 없는가. 밥은 평생토록 먹어도 물리지 않는 우리의 생명 주식이기 때문이다. 밥을 같이 하자는 건 가장 중요한 생명의 자리에 동석하자는 제의가 아닐지. 또 허기질 때마다, 밥을 지을 때마다, 매끼 밥상머리에 앉을 때마다 당신을 떠올리게 하려는 은근한 속셈이 숨겨져 있을지도 모른다. 씹을수록 찰진 밥알같이 잦은 만남을 통해 유리되어가는 인간관계를 한 덩어리로 다져 보고자 함일 테다. 삼시 세끼니 빠뜨릴 수 없는 밥을 매개로 익을수록 구수해지는 밥맛처럼 오래도록 정을 나누어보고 싶다는 의미도 덧대어 있을 것이다.

밥상은 소통의 장이다. 밥상을 두고 빙 둘러앉는 순간 한식구가 된다. 보글거리는 찌개 냄비에 숟가락을 맞부딪혀 가며 정을 나누다 보면 공복뿐 아니라 마음의 허기도 두둑이 채워진다. 여간 풀리지 않던 인간관계도 밥상머리에서 쉽게 해결의 실마리를 찾는 것을 볼 수 있다. 뜨거운 국물이 쓰린 속을 해장시키듯 둥근 밥상의 훈기가 실핏줄을 타고 온몸을 파고들면 옹골진 마디가 절로 느슨해질 것이다. 예전에 근무하던 병원에서도 의료인들 간에 신경의 선이 팽팽해져 갈 때면 한 달이 멀다 하고 통 큰 회식을 주도하던 내과 병동 수간호사는 밥상머리의 힘을 누구보다 잘 알고 있었던 모양이다.

　밥상은 위로다. 성경에서도 집 나간 아들이 거지가 되어 돌아왔을 때 아버지는 기쁜 마음에 살진 송아지를 잡아 온마을이 들썩이도록 잔치를 벌였다고 한다. 늙은 아버지는 회초리보다 정성을 다한 밥상으로 상처 난 마음을 쓰다듬고 위로하였던 것이다. 아들은 뜨거운 눈물을 흘렸으리라. 밥은 곤두선 신경도, 뒤틀어진 심사도 풀어지게 하는 만능 해결사 노릇을 한다. 교포들이 앓는 향수병의 특효약도 우리 밥이라 하지 않나. 김이 모락 피어나는 쌀밥과 오색 잡채와 간간한 불고기와 갓 버무린 김치와 미역국이 차려진 밥상에서 고향 뒷산에 떠도는 구름 같은 이야기를 뭉게뭉게 피우다 보면 엉긴 외로움도 따신 국에 어느새 녹아내린다고 한다. 객지의 서러움을 말끔히 씻어주는 고향 밥, 설운 마음을 다독이는 위로의 손길이다. 이제는 그 자리에 현지인들도 초대한다고 하니 우리 밥상은 국경을 넘어 지구촌 시대를 하나로 모으는 크나큰 역할을 하고 있다. 하여 그대와 나, 모나지 않은 관계를 원한다면 둥그런 밥상 둘레에 무릎을 포개어 앉아 주거니 받거니 정을 나누는 한솥밥 식구가 되어볼 일이다.

밥알에 피어나는 언어. 갓 돌을 지난 손주 입에서 포도알 같은 언어가 송알송알 맺힌다. 입안에서 거품처럼 보글거리던 기호가 낱말이 되어 톡톡 튀어나오기 시작한 것도 쌀알 같은 앞니로 밥을 오물거리던 순간부터다. 밥은 언어의 도구인가. 불어난 밥알 개수만큼 늘어난 언어로 엄마와 아기는 퍼즐 맞추듯 낱말을 이어 간다. 울음과 웃음이 유일한 언어이던 아기가 언어라는 표식으로 자신의 욕구와 감정을 그려낼 수 있는 것도 씹을수록 탄성 지는 쌀의 끈기 때문이리라. 그뿐인가. 기어가던 아기가 몸을 일으키고 걸음마를 하는 것도 에너지의 원천인 포도당의 위력이 아니겠는가.

마음을 살지게 하는 밥. 힘과 에너지의 집합체인 밥은 신체뿐 아니라 정신 건강에도 관여하는 것 같다. 홀로 공복을 채우기보다 여럿이 나눌 때 그 영양이 배가 된다니. 혼밥이 질병을 초래할 수 있다는 수치상의 통계가 아니라도 <얼굴반찬>이라는 시인의 시처럼 밥상은 한데 어울려야 제맛이다. 찬은 없을지라도 웃음으로 나누는 밥상이 영양 만점이다. 방송에서는 혼밥, 혼술을 초스피드 시대의 당연한 식 패턴인 양 부추긴다. 자발적 왕따에 이어 고독사가 상향 선을 달린다. 작년 이맘때쯤 119 대원이 되어 당찬 포부를 밝히던 조카는 눈앞에 펼쳐진 참담한 현실에 말을 잊는다. 아무도 찾지 않는 차디찬 골방에서 냉방보다 더 차가운 주검과 언제 사용하였는지도 모를 때 묻은 식기를 보며 세상 끝자락까지 내몰린 삶의 고독과 외로움을 읽는다. 배고픔보다 마음의 곤궁과 허기가 그를 극한으로 내몰아 간 것은 아닐지.

밥은 생명이다. 밥을 먹는다는 건 생명과 활기를 재충전하는 일이다. 곡기가 끊어지면 말문도 닫혀 내일마저 기약할 수 없는 처지가 되고 말 테니. 오랜 지병으로 식욕을 잃어버린 사람은 활기 없는 식물처럼 살아도 산 것이 아닐 터이다. 음식물을 저작하고 식도로 삼키는 건 생명 유지를 위한 필수 코스가 아닌가. 제대로 씹을 수 없을 때 치아의 밑뿌리가 들썩이고 말의 근간까지 흔들린다. 이어 말문이 닫히면 마침내 신체의 모든 문이 하나둘 닫혀 오 갈 데 없는 영혼은 몸을 떠나야 할 때임을 직감하리라. 사람과 사람이 만나 생명의 음식을 나눌 때 진정 살아있음을 느낄 수 있으리.

함께하지 못하는 사람들. 편의를 위한 문명의 이기가 너와 나 사이의 장벽이 된 지금, 우리 모두는 고립이란 섬에 자신을 가두었다. 울부짖는 파도와 나무의 상처와 바람 소리, 새 울음소리에 귀를 막고 돌아앉은 외딴섬. 타인의 아픔과 호소에 눈과 귀와 마음까지 거두어버린 세상에서는 모두가 혼자일 수밖에 없을 것이라. 이런 세상을 향해 "언제 밥 한번 먹어요."하고 손 내밀면 어떠리. 때를 잊은 사람에게 고봉으로 퍼담은 밥 한 그릇 건네보면 어떠하겠나.

수북한 밥만큼 다정한 위로가 있을까. 마음을 건네는 인사에 물결이 찰랑인다. "일평생 동행할 수 있는 사람은 쌀 같은 사람이다."라고 하였다. 나도 누군가에게 밥과 같은 사람이고 싶다.

바람에 꽃은 피어나고

　찬바람에 꽃잎이 붉다. 날이 마를수록 나무는 대지의 수분을 힘껏 끌어올린다. 남은 생을 마저 태우려는 나무와 그를 지켜보는 산의 울림이 깊어 가는 가을이다.

　가을 산은 지난 계절의 발자국과 땀방울과 거친 숨소리와 웃음 소리와 주고받던 이야기와 그리움과 추억을 수북한 낙엽 더미에 묻었다. 산과 벗하던 친구였다. 산을 오르내리며 건강미를 자랑하던 친구의 가쁜 숨소리엔 땀방울이 촉촉하였다. 이 산 저 산을 제집처럼 들락이며 정상에서 '야호'를 외치며 곤한 산을 뒤척이게 하였다. 골짝마다 숨겨져 있을 보석 같은 아름다움을 찾아다니느라 피곤할 사이도 없었다. 그러던 그가 누군가의 도움 없이는 한 발짝도 움직일 수 없게 될 줄이야. 이제 영영 오르지 못할 곳이 되어버린 길에 갈바람 소리만 쓸쓸하다.

　예고 없는 바람. 바람은 예고 없이 불었다. 언제나 그렇듯 불현
듯 들이치는 바람이었다. 코로나로 어수선하던 시기였다. 친구와
의 만남도 기약 없이 미뤄지고 있었다. 궁금하던 차, 걸어본 안부
전화에 돌아온 답변은 생각지도 못한 참담한 소식이었다. 친구는
불시에 닥친 원인 모를 질병에 몸져누운 지 벌써 여러 달이 지났
다고 하였다. 갖가지 검사와 치료를 병행하였으나 병명은커녕 회
복의 기미조차 보이지 않아 의사마저 손 놓고 있다는 듣고도 믿
을 수 없는 사실이었다. 마지막으로 예약된 서울의 전문 병원에
희망의 끈을 붙잡고 있을 가느다란 손목이 애처롭게 떠올랐다.
기막힌 현실에 맞선 창백한 얼굴이 눈에 어른거렸다.

　답답한 시간이 흘렀다. 며칠 후 구급차에 실려 기다리던 병원
으로 간다는 소식을 보내왔다. 낯선 도시의 낯선 병실에서 낯은
질병과 외로움이란 낯선 친구와 덩그러니 남겨질 친구가 아닌가.
친구는 이제 모진 질병과 끝 모를 싸움을 시작하였다. 투병의 시
간이 길어질수록 무너진 건강으로 마음마저 허물어질까 내 가슴
은 늦가을 낙엽처럼 타들어갔다. "고통은 변화로 향하는 첫 계단
이다."라고 하지만 그 계단이 너무 좁고 가파르지 않기를 빌었다.
틈틈이 일상의 일들을 전하였다. 언제나 너를 응원하는 벗이 곁

에 있다는 고백을 독백처럼 메모장에 남겨두기도 했다. 봄날 같은 심성의 친구에게 들이닥친 때아닌 폭풍은 사나웠다. 친구가 차가운 바람에 꿈을 잃지 않는 동백이기를 바랐다.

꽃은 지지 않는다. 꽃은 바람에 시들지 않았다. 도리어 줄기를 곤두세웠다. 바람에 파이고 시들어 죽은 줄 알았던 마른 나뭇가지에 새 생명이 움트듯 앙다문 마디마다 봄날의 준비가 한창이었다. 거듭된 검사 끝에 병명은 밝혀졌으나 질병의 예후는 절망적이었다. 하지만 친구는 절망하지 않았다. 더 이상 진전이 없다며 병원에서는 퇴원을 종용하였다. 수세에 몰린 친구였다. 하나 친구는 집으로 내려와 새로이 재활을 시작해 볼 거라며 들뜬 목소리로 내게 전하였다. 불치의 병에 실망하기보다 객지에서의 외로움을 떨칠 수 있다는 기쁨이 더 컸을까. 목소리만큼이나 상기되었을 두 뺨이 눈에 선연하였다.

한 줄기 햇살에 꽃은 웃는다. 구름 사이 간간이 비치는 햇살에 꽃은 폭죽 같은 꽃망울을 터뜨린다. 집으로 돌아온 친구는 제일 먼저 나를 만나고 싶다고 하였다. 생기를 머금은 꽃처럼 해맑은 목소리였다. 얼마나 기다리던 만남인가. 다시 볼 수 있을까 하던 절망이 희망으로 돌아서는 아침이었다. 친구를 만날 생각에 새벽부터 들떴다. 집에만 머물러 있을 친구에게 작은 기쁨이라도 전하려 친구가 좋아하는 먹거리를 장만하였다. 맛깔난 잡채와 두고 먹을 밑반찬과 잘 익혀둔 총각 무김치도 한 통 담았다. '만나며 무슨 말부터 건네야 할까.' 이런저런 궁리만으로도 행복하였다. 집은 도시를 훌쩍 벗어나 나지막한 산이 올려다보이는 곳에 자리하였다. 산을 떠날 수 없는 친구의 선택이었으리라. 한 층씩 오를 때마다 달라져 있을 모습을 상상하는 것만으로 가슴은 쿵쾅거렸다.

친구는 문 앞에서 나를 기다렸다. 비록 휠체어를 의지하는 몸이지만 꽃 같은 미소를 잃지 않았다. 전보다 두 배나 족히 넘어 보이는 비대한 몸집은 안중에도 없다는 듯 우리는 함성을 내지르며 두 손을 맞잡고 호들갑을 떨었다. 동그란 테이블에 그동안의 일들을 속사포로 풀어놓았다. 오랜 그리움에 마주 보던 눈시울이 붉어졌다. 작은 정성을 펼쳤다. 반찬을 하나하나 열 때마다 환호하며 놀라워하는 표정이 고마울 지경이었다. 아끼듯 맛보고는 두고두고 먹어야 한다며 뚜껑을 닫아 두었다. 친구의 사랑을 오래 느끼고 싶은 마음이리라.

시련의 향기. 시련은 향기를 만든다. 매서운 겨울을 견뎌온 꽃에서 바람도 거두어가지 못하는 향기가 있다. 친구에게 닥친 시련과 아픔은 그만의 찬란한 빛과 향기를 빚어내었다. 멈추지 않은 통증과 비대해진 몸집으로 몸도 마음도 버거울 테지만 얼굴은 바람 한 점 없는 호수와 같이 고요하고 평온하였다. 고난을 이겨 낸 자만이 가질 수 있는 여유로움과 넉넉함도 지녔다. 나는 걸을 수 없음으로 걸음보다 더 멀리 나아가게 될 마음의 행보를 가늠해 보았다.

바람에 꽃이 질 거냐. 친구는 육신의 건강은 잃었지만 마음의 건강을 되찾은 것 같았다. 아득한 절망 속에서 희망이란 씨앗을 알알이 품어내는 꽃처럼 절망 속에서 소망을 건져 올린 친구에게 손이 아프게 박수를 보내고 싶다. 힘든 시간만큼 웅숭깊어져 있을 내면을 생각해 본다. 나 또한 감당키 어려운 시련의 파도가 밀려올 때마다 마음을 보다 넓고 크게 키워갈 수 있었다. 그것만이 내가 살 수 있는 길이라 생각하였다. "고난은 기적이 일어날 수 있는 최고의 조건이다."라고 하였으니 이제 잃은 것보다 몇 곱절이나 많은 행운이 내 친구를 기다리고 있을 테다. 흠집투성이 옹이가 나무를 여물게 하듯 크나큰 아픔이 그를 지켜 줄 견고한 기둥이 되리라.

양지의 꽃. 친구는 해를 등진 음지의 꽃이 아니었다. 한 줄기 햇살이라도 더 받으려 이리저리 고개를 기웃거리며 이파리 사이로 뾰족이 얼굴을 들이미는 귀여운 양지의 꽃이었다. 차디찬 해풍과 파도 소리에 코끝이 얼얼하여도 구슬 같은 이를 드러내며 웃어대는 동백이었다. 모진 바람에도 꿈을 꺾지 않는 동백이었다.

바람에 꽃은 피어난다. 바람이 부는 건 꽃을 피우기 위함이 아닌가. 해풍이 차가울수록 활활 타오르는 붉은 혈기, 겨울의 동백을 보라. 소중한 걸 잃음으로 더 소중한 걸 얻게 된 내 친구를 떠올린다.

감나무 아래에서

　갈바람이 무르익어간다. 바람이 감잎을 들추니 땡감이 수줍게 얼굴을 드러낸다. 소나기가 한줄기 훑고 간 마당에 설익은 감이 어지러이 뒹군다. 물빛 하늘을 주홍 감물로 적시던 고향의 감나무가 떠오른다.

　등을 밝히다. 감나무는 고향 문턱을 들어서면 가장 먼저 맞이하는 내 오랜 지기다. 마을 초입에 서서 행여 길을 잃을까 손마다 마중 등을 밝히고 있다. 시골 아낙같이 순박하여도 정들면 남은 것 없이 다 퍼 주고 싶어지는, 은근한 속정이 우물보다 깊다. 등등하던 한더위 기세가 주춤거리는 입추 즈음이면 능선을 내리던 노을 잔등에 감물이 든다. 문풍지가 펄럭이는 밤이면 겹겹이 옷을 껴입어도 가슴 언저리를 파고드는 냉기는 막을 수 없다. 나

묏가지 꺾어지는 소리, 풋감 떨어지는 소리, 감잎 스치는 소리, 풀벌레 울음소리에 가을이 깊어간다. 개 짖는 소리가 아득해지는 가을밤, 온종일 골목을 누비던 아이들은 별을 헤아리다 잠이 든다.

담을 허물다. 내가 어릴 적 내 집처럼 드나들던 큰아버지집 뒷마당에도 늙수레한 감나무가 두어 그루 있었다. 긴 가지를 다리 삼아 나지막한 돌담쯤이야 쉽게 넘나드나 싶더니 언제부턴가 담벼락이 제집 인양 숫제 자리를 틀고 앉았다. 태생은 앞집인데 몸은 뒷집으로 기울었으니 두 집 살이를 하는 셈이다. 줏대 없이 양다리를 걸쳤다. 안팎으로 떡하니 두 발을 내리고 가부좌한 자세가 마치 담 너머 이웃은 남이 아니라 호통 치시는 어르신의 모습이다. 뿐만 아니다. 쑥 내민 가지마다 탐스런 열매로 오가는 이웃에게 인정의 손을 내미는 통 큰 품새가 여유롭기까지 하다. 나무는 제 둥치보다 큰 그늘을 만들었다. 동네 아이들은 그 후덕한 품에서 해 질 녘까지 뛰어놀았다. 담장 너머 마당에서 감을 줍고 장독대에 떨어진 감꽃으로 목걸이를 만들며 추억을 구슬처럼 엮었다. 나무는 그런 아이를 보며 제 키를 한 뼘씩 키워갔을 터이다.

추억을 맺다. 바람이 다녀간 마당에 아이들이 몰려든다. 사촌들과 나는 식전 댓바람부터 뒷마당으로 달려가 밤새 떨어진 푸르 뎅뎅한 땡감을 한 움큼씩 항아리에 주워 담는다. 겨우내 삭힐 생각이다. 익을 날을 고대하며 기다리는 기쁨이 또한 크다. 성급한 아이들은 흙먼지를 쓱쓱 닦아 한 입 크게 베어 물기도 한다. 떫은 맛이 텁텁하고 아리다. 혓바늘이 돋도록 씹어대다 오만상을 찌푸리고 뱉어낸다. 빛바랜 기와보다 더 장수한 마을 노거수는 아이들의 만능 놀이터이자 둘도 없는 골목 친구다. 큰 둥치에 서너 명의 개구쟁이를 끄떡없이 넝마 태우고 숨바꼭질도 하고 술래잡기도 한다. 감나무와 코흘리개들은 늘 만나도 헤어지기 아쉬운 친구들이다.

가을밭에 시름을 묻다. 가을엔 수확의 기쁨이 보름달만큼이나 크다. 비록 가난을 벗지 못한 형편일지라도 이즈음이면 없는 살림도 잠시나마 허리를 편다. 갓 찧은 햅쌀밥 냄새와 물오른 과실에 마음까지 넉넉해진다. 굴뚝마다 하얀 연기가 희망처럼 피어난다. 제 몸의 자양분을 다 쏟은 이파리는 해야 할 일을 마친 듯 숲으로 돌아갈 채비를 서두른다. 감은 떨어지기 전에 따야 한다. 묵직한 감을 하나씩 덜어낼 때마다 우두둑 휜 허리 펴지는 소리가 들리는 것 같다. 꼭대기 감은 서릿발 같은 겨울을 날 새의 몫이다. 춥고 배고픈 설움을 잘 아는 사람들이라 새들의 겨울나기를 지나치지 않는다. 빈 가지 끝자락에 홍시가 대롱거린다. 나뭇가지는 지나는 새에게 쉬어 가라 손짓한다.

　추억을 먹다. 감은 긴 밤 허한 속을 달래던 긴요한 요깃거리였
다. 기나긴 겨울밤 할머니가 고사리손에 쥐어 주던 살 얼은 홍시
의 맛을 그 무엇과 비길 수 있으리. 할머니의 묵은 정이 그리워지
는 가을이다. 고향 집 마당에 휘어진 감나무는 집 떠난 자식이 돌
아올까 마음 조아리는 노모의 구부정한 허리다. 고샅길이 어두울
까 저 건너 마을이 훤하도록 주홍 등을 들고 있던 주름진 손이다.
고향을 떠날 때 뒷모습이 보이지 않을 때까지 손을 흔들며 어여
가라 하던 젖은 눈이다. 다시 고향을 찾을 때 마을 어귀에서 반겨
맞이하던 노거수는 지금 내 가슴에 뿌리내렸다. 하여 감나무는
내 마음의 고향이다. 비록 사람은 가고 없어도 나는 또 계절과 함
께 추억을 곱씹으며 감물 든 가을하늘처럼 곱게 늙어가려 하니.

　노거목은 오늘도 주인 없는 빈집을 지킨다. 돌아올 이 없어도
때가 되면 어김없이 온 마을이 훤하도록 불을 밝힌다. 키 큰 감나
무는 이제나저제나 기다리는 노모의 마음으로 늦도록 삽짝문 밖
을 기웃거릴 테다. 저 너머 마을의 고샅길을 두루 살피느라 밤잠
을 잊는다. 하여 홀로 인 듯 홀로 하지 않는 나무의 생애다. 노자
의 삶이 유목이었다면 머물러도 머무르지 않는 삶을 살아가는 나
무의 전 생애도 유목이라 할 수 있으리.

겨울 나목은 꿈꾼다. 오랜 세월 바람을 잠재워온 나무, 스스로 곁가지를 치고 꺾어내는 용기도 있다. 북풍 몰아치는 겨울밤이면 감나무가 제 몸을 후려치는 소리가 맵게 들려온다. 하나의 열매를 위해 숱한 날 젖어왔을 삶이 아닌가. 터질 듯 연하고 무른 듯하여도 결코 무르지 않은 감의 생애다. 늦도록 학원을 다니다 지쳐 돌아올 손녀를 위해 감물이 속속 베인 홍시를 준비한다. 어릴 적 외할머니가 남몰래 꺼내주던 나만의 특식을 떠올리면서. 주홍빛 웃음이 피어나게 할 할머니의 홍시다. 아이가 주홍 홍시와 같이 달콤한 추억을 주렁주렁 열어가기를, 어둑한 길을 비추어내는 등불 같은 삶이길 기원한다.

청명한 아이들의 웃음과 새들의 흥겨운 춤사위를 위해서라면 북풍의 소용돌이와 된서리쯤은 거뜬히 이겨낼 거라는 듯 늙은 나무는 찬 바람에도 너울춤이다. 태곳적 땅에서 감물 긷는 소리가 난다.

반딧불이

    그것은 땅에 뜬 별인가. 별이 밝은 건 밤이 왔기 때문이고 반딧불이가 불을 밝히는 건 세상이 칠흑같이 깜깜하기 때문일 테다. 빛은 지구를 돌고 돌다 마침내 가장 까마득한 곳, 어둡고 차갑고 서럽고 희망이 보이지 않는 눈물자리에 손을 벋어 내리는 것 같다.

    반딧불이의 빛. 반딧불이는 빛이 곧 생명이다. 스스로 살아있음을 증명이라도 하듯 자체 발광하는 빛으로 어둠 속에서 자취를 선명히 드러내 보인다. 몸 마디마디 형형색색 빛을 자으려 치열한 성장통을 감내하는 반딧불이의 한 생애는 굵고도 짧다. 빛으로 살아가는 반딧불이를 보니 한때 어두운 곳의 빛이 되리라 다짐하던 간호사 시절이 떠오른다. 빛을 지키려 혼신을 다하는 반딧불이의 한살이는 이타적 삶을 천직으로 하는 백의 천사의 삶과 다르지 않아 보인다. 반딧불이는 어둠의 자리를 지킨다. 절망의 터를 떠나지 않는다. 볕살 따사로운 양지를 벗어나 음지의 축축하고 어두침침한 늪지나 물가, 해마저 지나친 곳을 삶의 보금자리로 삼는다. 달빛마저 숨은 밤이면 숲은 숨은 등을 하나둘 밝힌다. 숲은 머리끝까지 덮쳐오는 어둠의 공포와 두려움을 물리치려 몰래 숨겨놓은 비밀 병기를 하나씩 꺼내 드는 것 같다. 반딧불이는 떼로 밀려오는 어둠을 맞서는 한 무리의 용사가 되는 것이다.

　개똥벌레의 생애. 빛으로 이야기하고 빛으로 노래하고 빛으로 사랑하고 빛으로 생명을 지켜가는 반딧불이다. 짧은 생애를 길게 살아가는 그의 별칭은 엉뚱하게도 개똥벌레다. 비천하고 초라하고 소박하기까지 한 이름이다. 개똥이란 의미가 여느 눈길도 관심도 애정조차 받지 못하는 존재, 즉 하찮은 열외의 인생처럼 느껴지기도 한다. 하지만 개똥벌레는 몸집만큼이나 작고 초라하고 쓸모없는 벌레가 아니다. 외려 작은 몸에 큰 꿈을 지니고 있다. "가슴을 내밀어도 친구가 없네. 노래하던 새들도 멀리 날아가네." 라는 개똥벌레의 노랫말처럼 외롭고 처량하고 쓸쓸한 삶이 아니다. 숲의 나무와 새와 벌레와 바람과 비와 해와 달과 별은 그의 오랜 벗이 아닌가. 그곳에서 숲의 지기들과 동고동락하며 살아간다. 또한 반딧불이는 그들의 슬프고 고달픈 이야기에 귀 기울이는 다정한 친구이기도 할 테다. 간호사가 고통과 절망의 사람에

게 빛이 되어주듯 반딧불이는 장막 같은 어둠 속에서 한 줄기 희
망의 빛을 산란해 낸다.

  반딧불이가 날다. 나는 살아오면서 무수한 반딧불이의 빛을 보
았다. 별마저 숨어든 밤, 양 날개가 무겁도록 은빛 가루를 실어
나르는 반딧불이를 목격하였다. 그 빛이 너무 밝아 시력을 잃을
지경이었다. 광역의 우주에서 훅 불면 사라져 버릴 먼지만큼이나
미미하고 하잘 것 없는 사람이 아닌가. 하지만 사람은 때로 우주
의 여느 별보다 더 찬란한 생명의 빛을 자아내기도 한다. 펄럭이
는 형광빛 날개를 보는 것만으로 내 눈은 부시었다. 경이로웠다.
반딧불이는 양 날개를 쉼 없이 가로저으며 좀 더 나은 세상을 만
드느라 고군분투하고 있었다.

  한국의 '헬렌켈러'라고 불리는 분이시다. 동란 때 폭탄 사고로
양쪽 시력은 물론 부모까지 잃어야 했던 그는 절박한 시대의 조류
에 떠밀려 암흑과 같은 어린 시절을 보내야 했다. 서럽고 헐벗고
내쳐진 삶이었다. 불구의 몸으로 운명의 몹쓸 파랑에 이리저리 치
어 살았다. 무엇보다 사랑과 허기에 굶주린 나날이었다. 하지만
한 줄기 빛과 같은 사랑이 깊은 수렁 속의 삶을 건져 주었다. 다시
일어났다. 절망을 딛고 우뚝 일어난 그가 제일 먼저 한 일은 빛을
잃은 사람들에게 광명을 찾아주는 일이었다. 눈물뿐인 삶에 웃음

을 심는 일이었다. 절망의 땅에 희망의 꽃씨를 뿌리는 것이었다.

빛으로 나다. 그는 한줄기 소망의 빛이 되기로 결심하였다. 어릴 적부터 별이 되기를 꿈꾸었다. 큰 강이 되어 흐르는 은하수를 온 마음으로 헤아리며 잠이 들곤 하였다. 하지만 빛이 되고자 하던 사람은 일찍이 빛을 잃어버렸다. 수많은 별 중에 하나의 별이 되고 싶은 별은 질퍽한 눈물의 자리에 머물러야 했다. 하여 어둠의 고충을 누구보다 잘 알고 있었다. 한발 한발 위태로운 걸음들이 의지할 수 있는 영혼의 지팡이가 되기로 하였다.

꿈을 이루다. 마침내 꿈을 이루었다. 나태주 시인의 시 「너는 별이다」에서 "네가 별이 되어라."라고 노래한 것과 같이 그는 마침내 밤하늘 영롱한 별이 되었다. 암흑의 세계에 광명을 들이고 절망의 삶에 꿈을 심어주는 별이었다. 그는 현재 실로암 안과 병원장으로 시각 장애인에게 날마다 기적과 같은 소식을 전하고 있다. 그의 명상록인 『별처럼 해처럼 달처럼』에서 밝히듯 서럽고 어둡고 아프고 후미진 곳이라면 지구 끝까지라도 달려간다. 꺼지지 않는 불씨를 가슴에 간직한 사람. 불행의 씨앗을 행복의 꽃으로 피워내었다. 불행을 불행으로, 아픔을 아픔으로 끝내지 않은 것이다. 그야말로 어두울수록 빛을 발하는 야행성 반딧불이의 삶을 살아가고 있다.

어둠은 빛을 잉태한다. 어둠이 없으면 빛이 어찌 존재할 것이며 눈물의 땅이 아니면 어찌 꽃이 피어날 수 있으리. 고통 없이 이룰 수 없는 것들을 생각한다. 잎맥의 이슬 한 방울도 우연히 맺지는 않을 것인데. 반딧불이가 살을 찢는 고통으로 외피를 벗듯 나 또한 삶이란 파고에 부딪혀 산산이 깨어지고서야 원망과 미움의 옷을 벗을 수 있었다. 기나긴 밤의 터널을 지나야 새 아침의 동이 튼다는 것을. 빛이 오려면 어둠의 시간이 필요하였다. 아무것도 아닌 애벌레가 땅별이 되기 위하여 오랜 인고의 시간이 필요하듯이.

빛으로 살다. 밤하늘에 별 무리의 황홀한 군무가 펼쳐진다. 어두운 하늘은 각양 별들의 축제장이다. 하나 별은 곧 태양 너머로 사라질 테고 반딧불이가 노래하던 숲은 고요와 적막이 강물처럼 흐를 것이다. 이어령은 그의 마지막 노트인 『눈물 한 방울』에서 "잠자는 동안에도 숨 쉬는 내 숨 속에 숨어있는 별들이 일제히 뜬다."라고 하였다. 어느 한순간이라도 너를 위해 온전히 태울 수 있다면, 길을 잃은 그대에게 한 줄기 빛이라도 될 수 있다면 한 생애 그런대로 잘 살았다 할 수 있으리.
반딧불이 노랫소리에 어둠이 잠긴다.

이웃이 사라지다

　빌딩 사이 골바람이 맵싸하다. 도시의 아파트는 무한 번식하는 생물이 되어 수많은 새끼를 낳고 치며 비대한 몸집과 장신의 키를 무한대로 키워가고 있다. 먹여 살릴 식구가 늘어나고 몸집이 불어갈수록 지켜야 할 것이 많아지는지 이중 삼중 벽도 모자라 동서남북으로 초소를 세워 삼엄한 경비를 한다.

　추억으로 돌아오다. 집채만 한 짐을 끌고 다니던 긴 유목 생활의 종지부를 찍기로 하였다. 도시의 새바람을 따라 돌고 돌다 마침내 추억의 자리로 돌아온 것이다. 우리가 신도시의 맹렬한 바람을 역행한 데는 그럴만한 이유가 있다. 신도시만의 각종 편의 시설과 쾌적하고 정리된 환경 가운데서도 해소되지 않은 그 무엇이 있었기 때문이다. 하여 오래 정 붙인 곳, 그리움이 여울처럼 고여있는 곳으로 젖 냄새를 킁킁거리는 아기와 같이 찾아온 것이다. 한때 장대한 기골을 자랑하던 위용의 건물은 신축 건물들 사이에서 맥을 못 추고 있었다. 군데군데 빈 집이 이 빠진 잇몸처럼 엉성하였다. 수령이 이십여 년쯤 되고 보니 건물도 사람과 같이 늙어 축 늘어져 볼품이 없고 여기저기 검버섯이 피고 금이 가고 헐고 삭고 병들어 갔다. 하지만 애정의 눈으로 살피니 그마저 정겨웠다. 사람도 그렇듯 집이라 한들 어찌 세월을 비켜 갈 수 있으리. 하나하나 돌보아가며 살아야지 하며 염려 반 기대 반으로 마음을 정하였다.

모든 건 기우였다. 오래 익은 것들을 마주하니 옛 지기를 만난 듯 반가워지는 게 아닌가. 세월만큼이나 때 묻은 건물과 정원을 오르내리던 계단, 저녁 산책길에 벗이 되어주던 늘 푸른 소나무와 계절 따라 피고 지던 동백 가족들을 만나니 그리던 고향을 찾은 듯 설레었다. 한더위를 식히던 분수와 사람을 모으던 손때 묻은 나무 의자가 정겨움을 더하였다. 터줏대감이 된 꽃과 나무들, 내 이웃과 같은 이들을 보니 추억이 거품처럼 몽글거렸다. 변한 게 있다면 새로 입주한 사람들과 늘 어릴 것만 같던 꼬맹이들이 저마다 일을 찾아 떠나고 좀 더 늙은 부모들이 저처럼 늙은 집을 지키고 있다는 점이었다.

신고식을 하다. 반가운 마음에 떡이라도 나누고 싶었다. 들뜬 마음이 식을세라 입주 신고를 서둘렀다. 떡이 오자 한 김이 빠지기 전에 두 덩이씩 올려 담으니 불현듯 옛 생각이 스쳤다. 결혼 후 십여 년 만에 장만한 첫 집이었다. 그날도 김이 모락 피어나는 팥시루떡으로 신고식을 치렀다. 팔 개월 만삭의 몸도 아랑곳없이 맨 아래층부터 꼭대기 층까지 떡을 들고 날랐다. 초인종을 누르니 집마다 새 가족을 반겨 맞아주었다. 저녁에 전하지 못한 집까지 마저 돌리니 떡 소쿠리는 바닥이 났다. 소박한 나눔은 그때부터였다. 나눔은 일상이 되었다. 전하는 기쁨이 더 큰 행복을 안겨주었다. 맞은편 집은 우리처럼 맞벌이 가정이었다. 엄마를 기다리던 아이들이 궁할 즈음 이웃이 전하는 별식이 얼마나 반가웠을까. 그 마음이 고마운 이웃은 주말이면 특별식으로 보상하였다. 문과 문이 열리고 발길과 발길이 오가고, 정과 정이 오가고, 마음과 마음이 오갔다. 문턱이 닳도록 지내던 그때가 떠올랐다.

초인종을 누르다. 비록 건물과 시설은 낡았지만 고향과 같은 곳이 아닌가. 떡을 들고 나섰다. 초인종을 눌렀으나 기척이 없었다. 위층으로 올라갔다. 문 앞에 벨을 누르지 말라는 붉은 경고문이 나붙어 있었다. 조심스러웠다. 노크를 하였으나 대답이 없다. 늘어지는 팥시루떡처럼 내 마음도 김 서린 떡 마냥 처져 갔다. 하지만 이 많은 떡을 어찌할 것인가. 저녁쯤 떡 쟁반을 들고 다시

나섰다. 몇 번의 두드림 끝에 가까스로 문이 열렸다. 빼꼼히 얼굴만 내미는 이웃, 그마저 반가웠다. 나머지 집들은 여전히 묵묵부답이었다. 이것으로 신고식은 허무하게 마무리되었다. 나중에 친구들의 말을 빌리자면 이젠 시대가 달라졌다며 현세대의 흐름을 읽지 못한 내 무지함을 나무랐다. 요즘은 무턱대고 찾거나 대면하는 것이 실례라며 꼭 전할 게 있으면 메모와 함께 문고리에 걸어두라고 한다. 이것이 현대판 신고식이라니. 나는 안면 터는 것에 방점을 두는데 말이다. 식은 떡은 식은 내 마음과 같이 굳어져 차가운 냉동실로 입고되었다.

철통같은 문. 도시의 벽은 높아 간다. 함부로 다가설 수 없는 이웃이다. 우리 아파트만 하더라도 정문 입구에서 일차 검문을 한다. 붉은 봉을 든 보안요원이 방문 이유와 세대주와의 관계와 머무를 시간까지 일일이 체크한다. 조사를 당하는 기분이 들 정도다. 동마다 철통 방어다. 지문인식 키가 첫째 관문이다. 무사통과하더라도 처음 발을 들인 사람들은 거미줄 같은 미로를 헤매기 일쑤다. 같은 길을 돌고 돌다 맥이 빠질 즈음에야 제 번지수를 찾는다. 아파트는 무차별적 공격과 테러를 막으려는 듯 곳곳에 초소와 전문 경비병을 두고 있다. 근접할 수 없는 불가침 구역이다. 초고속 엘리베이터는 바로 옆 이웃도 낯설게 한다. 같은 아파트에 거주해도 얼굴 보기는 별 따기다. 감나무골의 얼기설기 키 작은 싸리문은 전설 속 이야기다.

 이웃사촌. 우리에게 이웃은 적어도 남이 아니었다. '이웃사촌'
이란 말이 거저 나온 말은 아닐 터이다. 시난고난한 세월을 동고
동락하며 지내던 한마을 지기들은 어쩌면 피를 나눈 형제보다 가
까웠다. 이웃과 이웃은 혈육보다 더한 정으로 의형제를 맺었다.
하여 마을 일대가 친족지간이었다. 별식이라도 하는 날이면 한솥
씩 퍼담아 들고 심부름하는 건 언제나 내 몫이었다. 한 집 건너
고모네로, 옆집 사는 이모네로 인심을 퍼 날랐다. 한 우물을 길러
먹는 앞집과 뒷집은 물을 나누는 한 식구이기도 하였다. 지붕과
마당과 장독과 우물과 하늘과 골목을 공유하며 한 집안처럼 살아
가던 우리들이었다. 길 가던 누구라도 쉬어가도록 대문은 주야장
천 길을 향해 열려 있었다. 가난하여도 가난하지 않은 마음이 있
었다. 네 아픔이 내 눈물이던 시절이었다.

 사라진 이웃. 이곳을 떠난 지 이십여 년이란 세월이 흘렀으니
사람들도 예전만 같지 않을 것이다. 나의 행복과 권리가 무엇보
다 중요한 시대가 되었다. 도시는 극도로 피로하고 예민하다. 사
람들은 예리한 귀와 충혈된 눈으로 서로를 경계한다. 조금의 피
해도 참으려 하지 않는다. 그런 가운데 층 간 소음이 심각한 문제
로 대두되고 있다. 두 아이를 키우는 딸은 늘 조마조마 새가슴이

다. 아래층과 소음 문제로 신경을 곤두세운다. 행여 뾰족한 심기를 건드릴까 바닥에 두툼한 카펫을 깔고도 모자라 막 걸음 뗀 조막 발에 덧신을 신긴다. 어른들의 눈치에 아이들도 조심조심 까치발이다. 잠시도 긴장의 끈을 놓지 못하는 집은 이미 집의 의미를 잃어버린 게 아닌가 싶다. 사소한 소리에도 날을 세우는 아래층은 술손님을 불러들여 밤늦도록 고성에 질펀한 술판이다. 안하무인의 이웃이다. 무엇보다 나는 되고 너는 안된다는 독식 논리를 보고 자라날 아이들이다. 부모라는 토양에서 자라는 새싹들이 아닌가. 병든 나무에서 튼실한 열매를 어찌 기대할 수 있으리.

파룻한 웃음이 창을 넘는다. 어른들은 그러거나 말거나 아이들은 만나자마자 어깨동무다. 아래 윗집 또래들이 앞서거니 뒤서거니 놀이터를 뛰어다닌다. 함박꽃잎 같은 웃음이 흩날린다. 조금 손해 보고 조금 양보하면 더 좋은 세상이 오게 될 거라는 걸 미래의 꿈나무는 알고 있는 것인가. 아옹다옹하다 금세 손잡고 뛰어노는 동심이다. 이웃사촌의 의미를 아이에게서 배운다.

금정 시니어 합창단

시니어의 유쾌한 반란이다. 헌신과 희생을 삶의 철칙으로 여기며 살아온 시니어들이 가파른 삶의 변곡점을 지나 마침내 안착한 지점에서 못내 아쉬운 꿈들을 찾아 나선다.

잃어버린 나. 내 혈육의 일이라면 가시덤불 뒤엉킨 길도 주저하지 않았다. 물불 가리지 않고 앞만 보며 내달렸다. 나를 다스릴 틈도, 뒤를 돌아볼 여유도 없이 발이 닳아 해지도록 정신없이 뛰어야 했다. 뒤처질 수 없다는 불안과 강박은 채 아물지 않은 상처에 매질을 가해 피를 흘리게 하였다. 하여 각박한 세월은 푸르른 청춘을 데려가는 대신 텅 빈 뒤안길 너머 석양빛 황혼을 안겨주었다. 이제야 잃어버린 나를 돌아본다.

나를 찾는다. 지난날에 대한 아쉬운 마음들이 모였다. 아웃사이드에서 인사이드 삶으로의 전환이 절실한 시점, 내처 이끌려가던 삶에서 내가 가고자 하는 방향으로 내비게이션을 설정하고 그 길을 신명 나게 달려볼 참이다. 자신을 향한 가혹한 구속과 절제는 자유의 갈구를 땅속 깊이 뿌리내리게 하였다. 참았던 눈물과 얼룩진 상흔은 내일의 선명한 지표가 되었으니. 못다 이룬 꿈의 조각들을 모아 가물거리는 내 안의 불씨에 힘껏 불을 댕긴다.

　새바람이 분다. 금정 일대에 새바람이 불어온다. '금정 시니어 합창 단원 모집'이란 플래카드가 잠잠하던 황혼을 들썩이게 한다. 세상 풍파에 치어 갈래갈래 찢긴 가슴에 한 줄 햇살이 비치는 것 같다. 접은 날개가 꿈틀거린다. 태워보지도 못한 채 제풀에 삭아져 간 청춘이 못내 아쉬워지는 중년, 어느덧 백발성성한 시니어가 되었다. 하지만 시니어란 이름이 아직은 생경하고 거북스럽기만 하다. 시니어가 기실 노쇠하고 허약하고 무능함의 상징은 아닐 터인데 말이다. 혹한과 폭염의 횡포와 바람의 무수한 발길질을 견뎌낸 나무가 알찬 결실을 맺듯 시니어란 고난의 세월을 헤쳐 지나온 자에게 씌워지는 찬란한 황금빛 월계관이 아닐지.

　삶을 노래하다. 시니어가 모였다. 모진 바람 속에서도 사계의 노래를 잊지 않는 금정산, 그 넓디넓은 품에 고단한 삶의 여정을 부려놓으려 한다. 포르티시모나 크레셴도의 비장함과 강렬함보다 피아니시모나 메조피아노의 여리고 잔잔한 멜로디가 어울릴 것 같은 시니어들이 금정문화의 요람에 둥지를 틀었다. 단원들은 어쩌면 온천 강변 산책길이나 금강공원 둘레길이나 금정산성을 오르내리다 몇 번쯤 스치거나 마주쳤을지도 모를 이웃사촌들이다. 통성명하다 보면 같은 아파트 바로 옆 동에 살고 있음을 뒤늦게야 알고는 무릎을 친다. 알고 보면 모두가 한 치 건너 한마을 지기들이 아닌가. 이렇듯 정겨운 만남이 메마른 도시 거리를 적시는 단비가 되어주기를.

노래는 사랑이다. 언제 들어도 가슴 떨리는 연인의 달콤한 속삭임이자 절절한 사랑 고백이기도 하다. 또한 상처를 어루만지는 손이자 내일을 향한 도약의 날갯짓이다. 노래는 소통이다. 마음과 마음을, 영혼과 영혼을 맺고 잇는 견고한 끈이자 촉매제이다. 때로는 스미듯 때로는 격정적으로 가늠할 수 없는 곳까지 파고드는 영혼의 물결, 물이 바위를 뚫듯 노래야말로 철옹성 같은 마음을 산산이 해체하는 거대한 힘을 지니고 있는 것 같다.

하나가 되다. 합창은 저마다 다른 길을 걸어왔던 이러저러한 사람들이 노래란 매체로 하나의 결을 공글리어 내는 일이다. 갖가지 빛이 한 결의 무지개를 띄우듯 너와 내가 우리라는 하나를 빚어내는 일이다. 합창의 생명은 무엇보다 하모니일 터, 합창은 서로 다른 목소리가 어울려 풍성한 화음을 이루어내는 것이다. 하여 세상은 혼자가 아니라는 사실과 작은 뜻과 뜻이 모여 불가항력의 힘이 된다는 영구불변의 명제를 되뇌게 한다. 산을 산이 되게 하는 건 산을 터전으로 살아가는 수많은 생명이 있기 때문이고, 합창이 가역 할 수 없는 힘을 지닌 건 수많은 영혼의 간절함과 애끓는 마음이 담겨 있기 때문이리라.

노래에 날개가 있다. "새들에게는 노래가 동력이다."라고 누군가 말하였다. 새는 날기 위하여 노래하는가, 아니면 날고 있다는 기쁨과 환희에 노래의 울기를 멈출 수 없는 것인가. 노래는 마치 살아 숨 쉬는 생물과 같아 수천수만 겹의 날개를 몸체 어딘가에 숨기고 있어 지구 끝까지 나아갈 수 있는 것 같다. 노래는 영혼의 날갯짓이다. 피도, 상처도, 무기도 없이 치르는 평화의 투쟁이다. 나아가고자 하는 방향으로 삶을 전환시키는 무형의 힘이다. 보이지 않고 만질 수도 없는 무결정 노래가 쓰나미보다 강한 힘을 지녔다는 것을 반세기 너머 세월 풍파를 건너온 사람들은 알고 있다. 시니어는 남은 생의 주인공을 자처한다. 새 삶의 키를 움켜잡는다. 인생이란 무대에서 일인 다역을 치러낸 배우는 어떠한 역할을 맡아도 손색이 없을 터이니.

더불어 부르는 노래. 가로막힌 문이 단절의 벽이 될지라도 사랑이 깃든 노래는 바람을 타고, 물결을 타고, 마음과 마음으로 나아가리라. 강철 문이라 한들 열지 못하랴. 노래는 완고한 문을 허무는 부드러운 손이다. 다가가 문을 두드리고 문 안에 가두어진 마음을 사랑의 자리로 나와보라 손짓한다. 시니어합창단에서 노래를 배워가는 기쁨에 더해 사람을 알아간다는 더 큰 기쁨을 누리는 이즈음, 산책길에 인사를 건네는 일이 잦아졌다. 한 사람의 미소에 바람이 불고 물결이 흔들리고 너울이 일고 파도가 춤춘다는 사실을 반생이 훌쩍 지난 지금에야 알게 되었다. 삶은 홀로의 외통수가 아닌 더불어 균형을 이루는 공동원리로 작동되고 있다는 것까지도.

아픈 기억도, 슬픔마저도 돌아보면 아름다운 추억이라며 노래는 속삭인다. "도나 노비스 파쳄, 도나 노비스 파아쳄" 금정 시니어 합창단의 노랫소리가 금정산 줄기를 타고 굽이굽이 흐른다. 평화를 기원하는 노랫소리가 길마다 마을마다 메아리친다. 범어사 일대를 휘돌아온 물줄기가 화답하듯 콸콸 소리친다. 온천 변 벚나무가 새날의 축포를 터뜨린다. 평화가 좀 더 가까워지는 것 같다.

잃어버린 봄

봄이 사라졌다. 서슬 퍼런 태양의 기세를 견디지 못한 꽃순이 피지도 못한 채 고개를 떨군다. 성급한 계절 바람은 봄을 스쳐 지나 여름을 향해 쏜살같이 달려가고 있다.

봄을 기다리는 사람. 차가운 바람에 시들한 매화는 달빛을 안고서야 잠이 든다. 실눈 뜬 벚꽃은 다가올 계절을 맞이하느라 분주히 물을 퍼 올린다. 새봄 맞이 멋진 팡파르를 준비하는 꽃술이 두근거린다. 터질 듯 부푼 씨눈이 실바람에 입술을 바르르 떤다. 하지만 정작 봄을 기다리는 건 꽃이 아니라 사람인 것을. 물푸레 긴 줄기가 백색 창가를 기웃거리면 이제나저제나 봄이 오기를 기다리던 창백한 얼굴에 연분홍 봄물이 든다.

봄의 체취를 마시다. 사람들은 가까워진 햇살에 커튼을 걷고 녹음을 방으로 모셔 들인다. 한나절 볕에 눅눅한 이불을 널고 막 깨어난 풀 향기를 폐부 깊숙이 들이키면 묵은 체증 같던 병도 훌훌 벗어 내릴 것만 같다. 겨우내 몸져누웠던 사람도 아지랑이 같은 희망을 떠올린다. 내일이면 씻은 듯 일어나 봄의 손을 잡고 집 앞 나들이를 갈 거라고. 하지만 봄은 능선을 내리는가 싶더니 어느새 자취를 감추었다. 다시 오마하던 약속은 꿈이었다. 사람들은 산기슭마다, 들녘마다 무진 꽃송이로 봄 몸살을 앓게 한 봄을 원망하기보다 언제까지나 돌아올 봄을 기다린다.

봄이 아쉬운 여심. 진달래꽃무늬 블라우스와 파스텔톤 스카프, 또각거리는 분홍 하이힐 소리에 봄이 묻었다. 여인에게서 봄 향기가 물씬한 까닭이다. 이팝 꽃잎 같은 하얀 웃음이 흩날리면 가던 봄도 멈칫하고 뒤돌아볼 것이다. 가슴에 봄을 지닌 여인들은 약속 없이 길을 나선다. 계절을 재촉하는 강물 소리, 마디마디 물 길어 올리는 소리, 들뜬 대지의 두근거리는 심장 소리가 등 떠밀기 때문이리라. 하지만 그러한 설렘과 두근거림이 언제부턴가 사라졌다. 사람들은 준비 없이 들이닥친 사막 같은 더위에 피기도 전에 시들어버린 꽃잎처럼 축 늘어졌다.

봄은 사라졌나. 인간의 욕망으로 달구어진 지구별. 계절은 우주의 순리와 질서를 잊은 채 혼돈의 카오스 속으로 빠져든 것인가. 사랑도, 꿈도 내일도 기약할 수 없는 위기의 지구촌, 대자연이 돌연변이로 변심한 인간에 항거하듯 맞서고 있다. 풀 한 포기라도 사랑의 눈길로 어루만지고 위로할 때, 우물 같은 정으로 적실 때 사랑에 굶주린 그들의 자학적 행위도 조금은 잦아들지 않을지. 시인은 "봄이 오는 것도 꽃이 지는 것도 다 놓치고 사는 당신께 오늘은 봄 한 상 가득 차려 식탁에 올리겠습니다."라고 봄을 잃은 안타까움을 노래하였다.

봄이 머무는 곳. 마음 둘 데를 찾지 못하는 건 사람이나 계절이나 마찬가지인가 보다. 봄을 기다리는 청춘남녀가 사랑을 고백하기도 전 태양의 열기가 후끈 달아오르고 봄의 왈츠가 끝나기 전에 한여름 밤의 꿈이 울려 퍼진다. 하지만 모진 역풍이 불어와도 계절의 순항은 어김이 없을 터. 거듭된 악순환의 고리 속에도 지켜야 할 순리를 따르는 자연이 아닌가. 약속을 망각하는 건 계절이 아니라 천지 분간을 모르는 사람일 것이다. 스스로 돌보지 않는 자, 봄을 저버린 사람에게 봄은 머물지 않으리.

봄은 떠나지 않았다. 지천에 숨어 있다. 단지 구하지 않고 찾으려 하지 않는 자에게 제 모습을 드러내고 싶지 않을 뿐, 봄을 찾는 사람에게 봄은 막 씻어 오송 보송한 얼굴을 내밀 것이다. 비록 눈앞이 아뜩한 천길 낭떠러지 일지라도 바윗돌 사이 한 송이 꽃을 바라보는 이에게 봄은 떠나지 않으리. 정착할 땅을 찾아가는 민들레 바람 잔 등에, 햇살이 숨 고르는 뜨락에, 담 너머를 밝히는 마른 손등에, 새 아침을 열어가는 발걸음에, 슬픔을 기쁨으로 되뇌는 새들 노랫소리에 봄은 머물러 있으리. 잡초와 같이 뒤엉킨 쑥부쟁이의 삶이라 한들 봄을 모를 소냐. 흙을 딛고선 다래의 해끗한 미소에, 오동나무 우듬지 아래에 봄이 보슬보슬 자라나고 있는 것을. 아기의 볼우물에 햇물 같은 봄이 묻어 있다. 남편을 기다리며 끓이는 된장찌개에 봄이 자글거린다. 봄을 기다리는 사람에게 봄은 달려와 안길 것이다.

연하고도 강한 봄. 혹독한 겨울을 살아온 봄은 무엇보다 견고할 것이다. 한겨울의 폭풍우와 무서리를 골수에 아로새긴 봄, 쉬 내면을 드러내지 않는다. 봄은 가물가물 들판의 아지랑이처럼, 가만가만 다가오는 강가의 물안개처럼 스미듯 감겨든다. 감언이설로 마음을 훔치기보다 아낌없이 내어 주는 모성애로 희생과 헌신을 담은 아가페적 사랑을 한다. 하지만 여리다 얕잡아볼 봄이 아니다. 참고 참아 터질 듯 부풀어 오른 성정으로 꽁꽁 얼어붙은 천지 강산을 엽록의 빛과 향으로 흠씬 적셔놓으니까. 억센 겨울을 일깨우는 것 또한 연한 춘풍이 아니던가. 중천의 햇살이 뜨겁다 한들, 시련의 폭풍우가 거세다 한들 한껏 멀어진 태양을 지표

곁으로 댕기는 건 연하디연한 봄의 지략이 아닌가.

 봄은 우리 곁에 있다. 계절은 봄으로부터다. 봄이 없다면 여름도, 가을도, 겨울마저도 어찌 존재할 수 있으리. 태곳적 땅에 생명 호흡을 불어넣는 봄, 그 훈기를 마시며 만물은 기지개를 켠다. 우주의 생명과 활기를 온 누리에 전하는 봄, 맨발로 흙을 밟고 가노라면 대지를 타고 도는 혈류의 힘찬 흐름을 온몸으로 느낄 수 있다. 태아의 심장박동처럼 쿵쿵 소리치며 생기롭고 활기차게 흐른다.

 사계절 속에 봄이 있다. 계절을 전하는 강물 소리에, 여름 개울가에 멱감고 물장구치는 개구쟁이의 왁자한 웃음소리에, 태양이 까맣게 익어가는 포도송이에, 동그마니 모여 앉은 낙엽 더미에, 봄을 다짐하는 담쟁이넝쿨 마른 손아귀에, 사철 쉬지 않는 농부의 억센 손에, 고난 속에도 희망이란 두 글자를 떠올리는 이에게 봄은 결코 떠나지 않을 것이라. 봄을 물고 오는 건 바람이 아니라 겨울 난 새가 아닐는지.

나의 스승님께

　무소의 뿔처럼 나아가던 선생님. 떠나시는 길마저 급하셨나요. 또 다른 세상에서 무슨 좋은 일을 꿈꾸고 계신가요. 무에 그리 바쁘셔서 홀로 종종걸음 하셨는지요. 솔선하는 가르침을 잊지 않은 제자이건만 세월의 물살에 부대끼느라 당신과의 조우를 서둘지 못한 어리석은 제자입니다. 사랑을 잊어가는 우리에게 사랑의 회초리를 들어주세요.

　영원한 나의 선생님. 우리는 이별을 하지 않았습니다. 처음 만난 그 순간부터 지금까지 내 곁을 떠나지 않은 당신이니까요. 언제나 저만치서 지켜보는 눈길을 느낍니다. 흐린 날조차 구름 사이로 가려 질뿐 떠난 것은 아니지요. 그 빛으로 작은 묘목은 키를 키우고 가지를 벋고 잎을 펼치고 각양 꽃을 피우고 열매를 맺고

향기를 흘릴 수 있었습니다. 빛은 또 수많은 빛줄기를 낳았습니다. 각별한 사랑으로 돌보던 제자들은 스승의 뜻을 따라 저마다의 자리에서 크고 작은 빛이 되었습니다. 당신이 흘린 땀과 눈물은 풍성한 열매의 밑거름이 되었지요.

선생님, 가슴으로 부르는 이름입니다. 그리운 시간을 찾아가는 여행은 언제나 즐겁기만 합니다. 더구나 사랑하는 사람에게 가는 길은 그 길이 아무리 멀지라도 멀지 않음을 알고 있지요. 지난날의 노트를 뒤적거리며 잠시나마 볼 빨간 사춘기 초입의 설익은 낭만과 이상을 들추어 봅니다. 이름만 불러도 아련한 연옥, 근담, 영화, 경자 등등 친구들의 이름을 하나하나 떠올립니다. 선생님의 불호령 치는 고함 소리와 이글거리던 팔월 태양과 자욱하던 흙먼지와 땀 냄새가 시큰거리던 운동장, 꿈이 들끓던 시간으로 떠납니다. 내가 올라탄 신형 타임머신은 내 간절함을 아는지 깡충 단발머리 시절로 째깍 멈추어 섭니다. 50여 년이란 세월의 벽도 아름다운 추억 앞에선 힘없이 무너지고 마는군요.

가까운 듯 먼 날. 고대하던 5학년 담임 발표가 있던 날이었지요. 새 담임을 기대하는 눈망울은 햇살 찾는 꽃망울처럼 이리저리 고개를 기웃거립니다. 조회대에서 5학년 7반 담임이 호명되자 여기저기서 기쁨의 함성이 터져 나왔습니다. 주위의 부러움에 으슥하는 아이들이었습니다. 최고의 날이었지요. 왜냐고요? 당신은 아이들에겐 캐어내고 싶은 것이 아주 많은 신비의 우주였습니다. 비밀의 미로를 무수히 간직한 우주 말입니다. 십 대의 부푼 가슴만큼이나 호기심 충만한 소녀들에게 있어 당신은 신화와 같은 존재였지요. 20대 첫 발령을 받은 청춘답게 패기와 열정이 넘친 총각 선생님, 음악과 문학과 그 무엇보다 아이들을 무척이나 사랑하였지요. 눈을 맞추어가며 하나하나 이름을 불러주던 다정함으로 사춘기 소녀의 두 뺨을 능금보다 붉게 물들여놓았으니까요.

잊지 못할 5학년 7반. 우리 반가를 잊지 않으셨지요. 우리는 선생님이 지은 노래를 부르면 단단한 하나를 만들었지요. 또 아이들이 쓴 노랫말에 선생님이 곡을 입혀주었습니다. 그 노래는 세상에 단 하나뿐인 노래가 되었습니다. 나는 지금도 입버릇처럼 외고 다니던 노래를 기억합니다. "우수수 단풍잎 예쁜 단풍잎 우리 동생 땋은 머리댕기 같아요" 이렇게 한 절이었습니다. 얼마나 입술이 마르도록 부르고 다녔는지 모릅니다.

가을 학예회. 우리는 가을을 손꼽아 기다렸습니다. 그동안의 작품을 발표하는 교내 학예회가 있으니까요. 갈고닦은 재능과 솜씨를 가족과 친지와 이웃들에게 마음껏 뽐낼 수 있는 절호의 기회였습니다. 알고 보면 우리들만의 축제였지요. 선생님의 지도에 따라 마음 맞추는 합주도 하였습니다. 마음을 모으는데 음악만 한 게 없다는 것도 그때 알았습니다. 나는 <북 치는 소녀>에서 북 치는 소녀가 되었지요. 무대에서 빠지는 아이는 없었습니다. 모두가 한무대의 주인공이 되었으니까요. 한 치도 물러섬이 없는 도전과 열정의 선생님과 그러한 스승을 빼닮은 아이들이 빼곡한 교실은 그야말로 살아 움직이는 역동의 산실이었습니다. 교실은 음악이 흐르고 노래가 끊이지 않던 우리만의 보금자리였지요.

도전과 열정, 그리고 사랑. 선생님의 도전은 멈추지 않았지요. 도전의 정점은 교내 고적대 창단이었습니다. 열정은 무에서 유를 이루었습니다. 제자들에 대한 크나큰 사랑은 거대한 물살과 같이 거침이 없어 그 누구도 막을 수 없었을 것입니다. 혹여 외로운 싸움에 지치진 않으셨나요. 늘 여유로운 표정으로 호탕하게 웃었지만 돌아서 눈물 흘리진 않으셨는지요. 고적대를 창단하여 어스름할 때까지 목이 터져라 아이들을 지도하였습니다. 하지만 훈련이 마치면 부드러운 음성으로 다가오던 선생님, 배고픈 아이들을 위해 헐빈한 주머니를 털기도 하였지요.

땀과 눈물의 결실. 처음 악기를 든 초보 연주자들을 밤낮없이 지도하여 어느덧 화음이 이루어졌습니다. 이제부터 본격적인 훈련을 하자며 운동장으로 모두 집합시켰습니다. 중천의 태양도, 소나기도 불사하는 선생님의 의욕에 아이들은 기나긴 여름방학을 자진 반납하였습니다. 모두의 열정은 타는 듯한 더위도 물리쳤습니다. 우리는 선생님의 뜻대로 무소의 뿔처럼 나아갔습니다. 결과는 눈부시었습니다. 신화의 선생님이 또 다른 신화를 불러일으켰습니다. 도시의 후미진 곳, 가난하고 이름도 없는 학교에서 중심지의 내로라하던 학교를 다 물리치고 당당히 우승컵을 거머쥐었으니까요.

쓰디쓴 노력이 다디단 결실을 가져온다는 것을 알았습니다. 부드러운 듯 강인한 선생님의 마음결과 같이 유연하고 절도 있는 동작과 완벽한 연주는 관중들의 눈과 귀와 마음을 사로잡았습니다. 며칠 후 부산시 초등학교 고적대 본선에서 최후 우승하였다는 소식을 전하는 선생님의 목소리엔 기쁨과 감격의 눈물이 흥건하였습니다. 땀과 눈물이 가져온 달콤한 열매를 맛보았습니다. 우리는 그야말로 일약 스타가 되었습니다. 말로만 듣던 방송국을 들락이며 광고도 찍고 각종 행사에 참여하느라 분주한 나날을 보내었으니까요.

한 생에 굵직한 획을 그어놓은 당신입니다. 핵과 같은 그 시간이 내 삶을 이끌어갑니다. 지극히 짧은 순간이 한 생애의 근간이 된다는 걸 알았습니다. 나는 지금 선생님이 뿌리신 대로 싹을 틔우고 꽃을 피우고 충실한 씨앗을 내리려 합니다. 이제 작은 사랑을 실천하는 일입니다. 선생님이 우리에게 그러한 것처럼.

하지만 가장 중요한 걸 놓치고 말았습니다. 내내 미루기만 하던 당신과의 만남입니다. 부디 사랑의 매로 꾸짖어 주십시오.

당신의 질책이 몹시 그리운 제자로부터—

대마도에 태극기를 올리다

멀고도 가까운 이웃을 가다. 부산 국제 연안은 이른 아침부터 여행객들로 술렁인다. 대마도로 향하는 쾌속선의 출항을 알리는 뱃고동 소리에 바다는 선잠을 깬 듯 일어난다.

한 시간여의 항해 끝에 도착한 대자연의 땅, '일본의 하롱베이'라 불리는 대마도가 바로 눈앞이다. 배는 수평에 내려앉은 물안개를 양팔로 휘저으며 뭍으로 다가선다. 친구들과 길지 않은 여행을 고민하던 중 부산과 지척인 대마도가 적격이라며 중지를 모았다. 대마도는 일본 나가사키현에 속한 열도로 본국인 일본보다 한반도와 더 가까운 곳이다. 개인 날이면 서로를 넘볼 수 있을 만치 우리와 지척 지간 이웃이다. 하나 가깝다 할지라도 가까이 여겨지지 않은 섬, 멀게만 느껴지던 대마도가 아닌가.

히타카츠항. 우리가 도착한 곳은 시골 냄새가 물씬한 선착장이었다. 배가 쉬어가는 히타카츠항은 대마도 북부에 자리한 항구로 천혜의 풍광을 자랑하는 곳이다. 청정한 바람과 다소곳한 물결과 다붓하게 모인 집들이 조화롭게 보였다. 조용한 마을이었다. 파도 소리도 발자국 소리도 숲의 바람 소리에 묻혔는지 고요와 정적이 마을을 재우고 있었다. 한때 약탈과 침공의 칼날을 벼리도록 갈았던 왜구의 본거지였다고 믿기 어려울 만큼 평화롭다 못해 적막하고 쓸쓸한 느낌마저 들었다. 숙소에 짐을 내리고 홀로 인근 마을을 둘러보기로 하였다. "대마도는 일본 땅, 독도는 우리 땅"이라고 흥얼거렸는데 산도 길도 집도 사람도 무엇 하나 낯설지 않게 다가왔다. 낮은 지붕 사이로 낙엽 태우는 냄새, 사람 사는 냄새가 어우러진 풍경이 우리네 시골 풍경과 조금도 다르지 않았기 때문이다.

꼬불꼬불 산길을 타고 천국의 계단을 올라 동서남북 사면을 조망할 수 있다는 에보시다케 전망대를 찾았다. 섬과 섬이 어깨를 포개어 동그마니 둘러앉은 모습이다. 맑은 날이면 대한 해협 너머 우리 강산도 선명히 볼 수 있다는 안내원의 설명이었다. 허기사 해운대에서도 수평선 너머로 점점이 모습을 드러내던 대마도가 아닌가. 국적이 다른 두 항구는 바다란 뚫을 수 없는 벽에 가리어 다가갈 수 없는 연인처럼 오가는 물결만 망연히 바라볼 뿐이었다. 하나 이제 그 벽은 무너졌다. 수문의 고리는 세계를 향해 훤히 열렸다. 뱃길과 하늘의 길로 실상과 가상을 들락이는 사이 버란 공간으로 공감하고 소통하고 교류하는 시대가 되었으니. 시와 공을 초월한 글로벌의 시대를 살아가고 있는 우리에게 바다는 더 이상 벽이 아니다.

　열도의 땅. 이즈하라의 상징인 하치만구 신사에 들렀다. 잠자는 듯한 고요와 적막 속에도 시한폭탄과 같은 핵의 불덩이를 품고 살아야 하는 사람들. 거친 파고와 불의 혀로 용트림 치는 활화산과 불안한 지구대 위에서 혼란스러운 삶을 견뎌야 하는 뜨거운 열도의 민족, 독하고 강해야만 살아남을 수 있다는 불굴의 정신이 세계 정복의 무모함을 키웠는가. 세계에 맞서 무력 전쟁을 불사하였다. 그들이 쥔 날카로운 칼날의 이면은 걷잡을 수 없는 불안과 초조와 진퇴양난의 위기와 위태로움이 아닐는지. 하여 내유외강의 일본은 곳곳마다 수많은 신사를 두고 있다. 신의 곁을 떠나지 못하는 그들이다. 마치 엄마 품을 벗어나면 불안감에 발을 동동거리며 울음을 터뜨리는 유아와 같이 주문을 걸듯 주술을 외우며 신사 주위를 쉼 없이 맴돌고 있다.

　미국의 문화 인류학자인 루스 베네딕트는 그의 저서 『국화와 칼』에서 "일본인은 이제껏 미국이 전면전을 벌여온 상대 가운데 가장 낯선 민족이었다."라고 하였다. 그는 일본인의 극도의 양면적인 민족성에 대하여 역사적 자료를 들추어가며 증명해 보였다. 우리 민족은 이런 길들여지지 않은, 열도(列島)에 열도(熱島)를 겸한 야생의 민족을 변치 않는 이웃으로 삼아왔다. 이웃으로의 인과 정을 베풀어가면서. 피에 피로 대응하지 않았다. 울분과 설움이 거대한 눈물의 산을 쌓아 올리기까지는.

역사는 흐른다. 고이지 않는다. 고이지 않고 흘러야 하는 게 어디 강뿐이겠는가. 살아 있는 것은 살기 위하여 좀 더 나은 세대를 위하여 끊임없이 흘러야 할 것이라. 우리는 이제 결속의 우방이고 헤어질 수 없는 막역한 친구가 되었다. 지금 대마도는 한국인들로 문전성시를 이룬다. 한산한 거리는 관광객들로 활기를 되찾고 있다. 대마도인의 생계를 한국이 도맡고 있는 셈이다. 한때우리에게 총칼을 겨누며 침공의 야욕을 불태웠던 이곳을 우리가 먹여 살리고 있는 아이러니한 현상이라니. 일본은 우리 선인의 울분과 격노와 한과 애통함과 서러움이 묻어있는 피와 눈물의 땅이다. 역사의 얼룩은 골수에 새겨져 무엇으로도 지워지지 않을 테다. 하지만 누군가 말하지 않았나. "용서는 하되 잊지는 말자."라고. 실패와 좌절을 도약의 발판으로 삼은 슬기의 민족혼이 우리에게 강과 같이 흐르고 있다.

쓰시마섬에 피어난 우정. 한국의 대학생들이 쓰시마 서쪽의 미나토해변 일대에 모였다. 우리 연안에서 해류를 타고 떠밀려 온 소주병과 라면 봉지 등, 우리 쓰레기를 우리 손으로 치우겠다며 부산 대학생들이 두 팔을 걷었다. 솔선하며 나선 것이다. 해마다 이루어지는 해변 청소에 쓰시마 인근 학생들과 주민들도 다 함께 마음을 보태고 있다는 미담이다. 대마도에 향기로운 우정의 꽃이 피어난다. 젊은 신세대의 참마음이 쓰시마에 태극기를 펄럭이게 한다. 예나 지금이나 항구 도시 부산과 대마도는 문화 교류 사절의 도시답게 두 나라 간 사랑의 가교 역할을 톡톡히 해내고 있다.

지금은 'K-르네상스 시대'. K-문화강국이 된 한국, 일본 땅에 '코리아 붐'을 일으켰다. 곳곳마다 태극기의 물결이 넘실거린다. 하여 한때 우리의 민족성은 물론 문화 말살과 억제와 탄압을 일삼던 일본이 지금 K-문화와 K-먹거리에 푹 빠져 있다. K팝이 일본 열도를 달군다. 열도의 삶을 지배한다. 우리는 일본인들이 휘두른 총과 칼과 피를 대신해 친선과 화합과 행복의 날이 없는 무기를 꺼내 들었다. 민족의 흥과 맛이 깃들은 'K-문화란 영혼과 정신의 깃발을 든 것이다. 세계는 '케이 컬처'란 문화의 쓰나미에 함몰되었다. 케이 문화가 도화선이 된 케데헌에 전 세계 남녀노소가 몸살을 앓는다. 우리의 시선은 대마도가 아니다. 대마도 너머 태평양 해협을 가로질러 전 세계를 향해 평화와 화평의 구도를 잡는다. 그 대항해의 출구인 국제 항구 도시 부산, 희망의 깃발을 높이 들었다.

대마도에 태극기를 올리다. 많은 일본인 앞에서 친구의 권유로 불렀던 「아리랑」이 작은 섬 대마도에 태극기를 올린 듯 자랑스럽다. 피와 눈물로 올렸던 태극기, 죽음과 맞바꾸어야 했던 자유의 깃발이 화해와 평화의 상징이 되었다.

대마도에 태극기가 펄럭인다.

열림의 윤리와 사건의 미학

권대근 | 문학박사, 대신대학원대학교 교수

I. 닫힌 세계를 흔드는 미세한 틈

후썰은 인간의 의식은 대상에 대한 지향성을 가진다고 했고, 괴테는 파우스트에서, 인간은 지향이 있는 한, 방황한다고 하였다. 오늘의 수필은 더 이상 단순한 체험의 서술이나 감정의 기록으로 머물지 않는다. 그것은 일상의 균열을 통해 새롭게 열리는 세계의 모습을 목도하는 실존적 사유의 장으로 진화하고 있다. 이것이 조경숙 수필의 지향성이다. 조경숙 작가의 수필, <벽을 허물다>에서 <대마도에 태극기를 올리다>에 이르기까지의 연작은 바로 그러한 전환의 자리에서 탄생한 텍스트들이다. 이 작품들은 익숙한 사물과 정동, 기억의 장면들 속에서 불현듯 솟아오르는 미세한 '사건'을 붙잡는다. 들뢰즈가 말한 '사건(event)'은 단순한 일의 발생이 아니라, 존재가 자신을 새롭게 구성하는 생성의 계기이다. 작가는 그 생성의 순간을 언어로 포착함으로써, 닫힌 일상에 잠재된 무수한 가능성들을 드러낸다. 이런 차원에서 보면 조경숙은 어둠이 사라지면 빛나는 새벽이 올 것을 믿는 작가라 하겠다.

닫힌 세계를 흔드는 미세한 틈은 억압에 대한 저항의지를 역설적으로 암시하는 데, 이 수필집의 미학이 있다. 이러한 조경숙 작가의 저항적 자세는 이질적인 타자의 억압이 그만큼 무겁다는 것을 보여준다. 들뢰즈의 존재론에서 사건은 '존재의 변형'이 일어나는 지점이다. 그것은 주체의 내부에서 발생하기보다, 관계와 감응의 장 속에서 생겨나는 '사이의 일'이다. 조경숙의 수필들은 그러한 '사이의 사건들'을 섬세하게 직조한다. <골목 풍경>에서는 사라져 가는 공간이 과거의 정동과 현재의 감각을 교차시키며 새로운 기억의 질서를 낳고, <이면을 읽다>에서는 사물과 인간의 관계가 언어의 표면을 뚫고 감응의 세계로 확장된다. 이렇듯 그의 수필은 인간의 내면보다 관계적 장 속에서 일어나는 '존재의 열림'을 탐색하며, 재현의 문학을 넘어 생성의 문학으로 나아간다. 이런 측면에서 조경숙은 날카로운 곤충학자의 ssn 같은 응시의 작가다. 상관된 세계와 맞대결할 수 있는 생생하고 절절한 삶의 에너지가 팽만한 작가다.

Ⅱ. 닫힌 세계에서 열린 관계로, 문門의 미학

우리들은 모두 가슴한복판에 녹슬어가는 징을 하나씩 감추고 누군가 아프도록 쳐주기를 기다리고 있는지도 모른다. 철학자 야스퍼스는 "인간과 인간 사이에는 연대감이 존재하기 때문에 세상에서 일어나는 모든 잘못된 일과 불의, 악을 저지하기 위해서 내가 할 수 있는 일을 하지 않으면 그때 나는 그것들에 대한 책임을 나눠지게 되는 것이다."라고 하였다. 수필가는 더 나은 세상을 만들기 위해 붓을 들어야 한다. 녹슨 철문이 "철거덕" 소리를 내며 열리는 순간, 세상은 조금 흔들린다. 그 미세한 진동 속에서 작가는 오래된 벽의 그림자를 본다. 「벽을 허물다」는 바로 그 떨림의 자리에서 시작되는 수필이다. 교도소의 두꺼운 문, 차가운 쇠창살, 그리고 닫힌 방. 그러나 작가의 시선은 거기서 멈추지 않는다. 그는 닫힌 문틈 사이로 스며드는 한 줄기 빛, 나무조각 위에 새겨진 재소자의 손끝, 그 안에 남아 있는 '열림의 기억'을 포착한다. 이 수필은 '문'이라는 사물에 기대어, 인간과 사회, 그리고 내면의 회복을 이야기한다.

이 수필에서 문은 단순한 구조물이 아니다. 그것은 세상과 나를 가르는 경계이자, 동시에 그 경계를 넘어서는 통로이다. 닫힌 문은 구속과 단절의 상징이지만, 열림의 순간 그것은 다시 관계와 생명의 입구로 바뀐다. 작가는 교도소라는 극단적 닫힘의 공간 안에서도, 오히려 열림의 가능성을 본다. 그 안에서 피어난 나무공예품은 인간이 결코 완전히 닫힌 존재가 아님을 증언한다. 갇힌 몸 안에서도 손끝은 여전히 '다른 문'을 만들고 있었던 것이다. 이 수필의 진정한 울림은 바로 그 역설에서 비롯된다. 문은 닫히기 위해 있는 것이 아니라, 언제든 열릴 수 있기 위해 존재한다는 사실. 작가는 닫힌 교도소의 문을 바라보며, 결국 우리 모두의 내면에 세워진 벽을 떠올린다. 타인과 자신을 가르는 마음의 담, 편견과 두려움으로 쌓은 보이지 않는 장벽들. 그것을 허물지 않고서는 어떤 빛도 들어오지 않는다. '벽을 허문다'는 말은 곧 '나를 연다'는 고백이며, 타자에게로 향하는 용기의 다른 이름이다.

결말부에서 수필의 시선은 교도소 밖으로, 차가운 거리로 향한다. 문은 이제 또 다른 얼굴로 등장한다. 노숙인에게 건네는 따뜻한 국밥 한 그릇, 겨울 저녁 창문 너머의 불빛, 그것들이 곧 열림의 문장門戶이 된다. 작가는 말한다. "따스한 불빛이 차디찬 세상의 벽을 허문다." 이 문장은 수필의 결론이자, 인간에 대한 신뢰의 선언이다. 벽은 제도 속에만 있는 것이 아니라, 우리의 일상 속에서도 얼마나 쉽게 세워지는가. 그러나 누군가의 온기, 작은 연대의 손길 하나가 그 벽을 허문다. 문이 열리면, 안과 밖이 서로의 온기를 나눈다. 우리는 일상적으로 움직임 속에서 지각체계, 기호체계, 상징체계 에 포획되고 순치된 것만 마주친다. 우리가 만나는 사물들은 이미 우리 내부에 내재화된 것들이다. 이런 것들은 진정한 마주침을 통해 어떤 징후를 얻지 못한다. 그래서 조경숙은 그 '벽'를 허물어야 한다고 설파한다.

> 벽을 허무는 열쇠는 우리에게 있다. 따스한 밥 한 그릇이 열쇠요, 온정 어린 눈길과 미소가 녹슨 고리를 푸는 열쇠가 되기도 할 테다. 있는 힘껏 문을 밀어 본다. 내가 지은 경계를 내 손으로 무너뜨린다. 문을 열자 상쾌한 바람이 밀려온다. 음지의 살결이 빛을 받아 눈부시다. 혈색이 완연해진다. 벽은 문과 창이란 심장을 통해 힘차게 맥박 치며 호흡한다.
> 열린 문으로 안과 밖이 손을 잡는다. 여문 하나가 된다.
>
> — <벽을 허물다> 중에서

<벽을 허물다>의 균열은 모두 동일성의 질서를 깨뜨리는 '사건적 순간'이다. 이 글들에서 사건은 단순히 서사적 사건이 아니라, 존재의 새로운 방식을 여는 힘으로 작동한다. 현실의 막힌 지점에서 균열이 생기고, 그 틈으로 바람이 스며든다. 삶의 마디인 분절선이 허물어지기 시작한다. 그 바람은 낯설고 불안하지만, 바로 그 낯섦 속에서 삶은 다시 생성된다. 수필이 이 사건의 사유를 가능하게 하는 것은, 그것이 '나'의 경험을 매개로 하되, '나'를 초과하는 세계의 떨림을 받아들이기 때문이다. '벽을 허물다'의 '문'은 사유의 장치이자, 삶의 은유이다. 그것은 닫힘과 열림,

고립과 소통, 죄와 용서, 어둠과 빛이 교차하는 경계의 자리다. 작가는 그 경계를 두려워하지 않고, 오히려 그 위에 서서 '열림의 순간'을 기록한다. 문이 열릴 때, 우리는 비로소 서로의 존재를 본다. 문이 숨을 쉬는 그 찰나에, 인간은 다시 인간에게로 돌아온다. "열린 문으로 안과 밖이 손을 잡는다. 여문 하나가 된다."라는 마지막 문장은 문이 가진 가장 아름다운 얼굴을 보여준다. 문은 이제 분리의 장치가 아니라, 공존의 호흡이 된다. <벽을 허물다>는 그 호흡을 들려주는 한 편의 맑은 수필이며, 닫힌 시대 속에서도 여전히 열림을 믿는 인간의 시적 기록이다.

골목은 선형적 길이 아니다. 수필 <골목 풍경>은 그 꼬불거림과 복잡함 속에서, 단순한 공간 묘사를 넘어 존재의 미학을 탐구한다. 작가는 도시의 대로가 가진 직선적, 권위적 질서와는 다른 '비선형적 삶의 구조'를 골목의 이미지로 형상화한다. 이는 곧 들뢰즈가 말한 리좀의 사유, 즉 중심 없는 다중적 연결의 세계를 연상시킨다. 들뢰즈와 가타리가 『천 개의 고원』에서 말하듯, 리좀은 위계적 구조를 거부한다. 골목은 바로 그 리좀적 삶의 은유다. 시작도 끝도, 입구도 출구도 명확하지 않은 이 길 위에서, 인간은 방향의 주인이 되지 못한다. 그 길은 '길 잃음'을 통해서만 길이 된다. 작가는 이 모순된 체험을 통해 인간 존재의 근원적 불안과 동시에, 그 불안이 열어주는 새로운 감각의 가능성을 포착한다. 즉, 골목은 단순한 도시의 말단이 아니라, 사건의 생성지다.

쉬 마음 트지 않는 길이다. 골목은 얼기설기 꼬불꼬불 새끼
줄처럼 꼬이고 휘고 비틀어졌다. 뱀 꼬리와 같이 길고 가늘게,
꼬리에 꼬리를 물고 이어지나 싶더니 막다른 곳에 이르러 느닷
없이 제 꼬리를 뭉텅 자르곤 모른 척 시침을 뚝 떼기도 한다.

— <골목 풍경> 중에서

　수필은 발단부에서 "쉬 마음 트지 않는 길이다"라는 문장으로
시작한다. 이는 마치 세계가 인간에게 완전히 투명하지 않다는,
존재의 불투명성을 드러내는 진술이다. 골목은 닫힌 듯 열려 있
고, 열려 있는 듯 막힌 공간이다. 들뢰즈적 의미에서 말하자면,
그것은 '사건의 평면' 위에서 끊임없이 접속하고 분기하며, 다른
세계로 뻗어나간다. 작가는 이 리좀적 골목 속에서 아이들의 웃
음소리, 재첩국 장수의 외침, 찌개 끓는 냄새를 따라, 관계의 촘
촘한 그물망을 그려낸다. 이 세계에는 중심이 없다. 중심 대신 관
계의 결이 있다. 코흘리개 아이들이 골목의 '왕'으로 군림하는 순
간, 사회적 위계는 무너진다. 골목은 국가도 제도도 허락하지 않
은 다중적 질서의 실험장이 된다. 들뢰즈가 '소수자적 되기'라 부
른 그 운동이, 바로 이 수필의 서사적 맥박이다. 아이들의 세계,
상인들의 호흡, 늦은 밤 막걸리 한 되의 위로가 서로 얽히며, 거
대한 도시 질서가 보지 못한 '삶의 미시적 진동'을 일으킨다.
　그러나 이 리좀적 공간은 점점 위협받는다. 도시개발과 자본의

논리는 직선과 효율의 미학을 강요한다. 골목의 미로적 흐름은 불합리와 비효율로 치부된다. 작가는 이 대목에서 '골목의 사라짐'을 생태적 비유로 끌어올린다. 리좀적 다양성이 단일한 체계에 흡수될 때, 세계는 생기를 잃는다. 하지만 수필은 비관으로 머물지 않는다. "음지가 양지로"라는 구절처럼, 골목은 다시 일어선다. 변방이 중심이 되는 역전, 말단이 원기를 되찾는 회복의 운동은 들뢰즈가 말한 내재적 생성의 윤리로 읽힌다. 골목의 부활은 단순한 복고적 향수가 아니다. 그것은 새로운 감각의 회복이다. 도시의 말초에 피어나는 카페골목, 책방골목, 먹자골목의 생동은, 현대의 흐름 속에서 재조합된 새로운 리좀적 배치다. 그러나 작가는 그 환희 속에서도 한숨을 놓치지 않는다. "화장기 없는 그대로가 아름다운 골목"이라는 문장은, 존재의 진정한 아름다움이 꾸밈이 아니라 민얼굴의 진실성에 있음을 환기한다.

결국 이 수필은 한 도시의 변천기를 그린 풍속화이자, 들뢰즈적 의미에서의 사건의 생태학이다. 골목은 다시 '되기의 장소'가 된다. 사람 냄새, 밥 냄새, 찌개 냄새로 연결된 감각의 연쇄가 '관계의 존재론'을 복원한다. "민얼굴이 수줍던 너를 찾아서"라는 마지막 문장은, 그리움의 서정이자 존재의 철학적 선언이다. 인간이란 결국 서로의 골목을 걸어 들어가야만 '나'로서 완성될 수 있는 존재라는 깨달음을 준다. <골목 풍경>은 그렇게, 도시의 변방에서 다시 피어나는 리좀적 생명력을 증언한다. 들뢰즈가 말한 사건의 평면은, 바로 이런 곳에서 호흡한다. 닫힌 질서의 벽을 비틀고 새 길을 만드는 힘―그것이 골목의 미학이며, 이 수필이 제시하는 흐름의 윤리학이다.

　분노의 시대다. 작가의 수필 <분노는 분노를 낳고>는 현대 사회의 정념 구조를 생생하게 포착하며, '화'라는 정서를 통해 인간의 내면과 사회의 균열을 진단한다. 이 글은 단순히 분노를 비판하거나 도덕적 교훈을 설파하는 수필이 아니다. 그것은 '감정의 정치학'에 대한 철학적 탐사이며, 억압된 한의 역사적 퇴적이 어떻게 개인의 신체를 통해 폭발하는지를 보여주는 사건적 기록이다. 발단부에서 작가는 "세상이 분노로 들끓는다"는 선언으로 글을 연다. 이 한 문장은 오늘의 시대정신을 정확히 겨냥한다. 분노가 더 이상 일시적 감정이 아니라 사회를 구성하는 정동의 기본단위가 되었음을 천명하는 것이다. 들뢰즈의 관점에서 본다면, 이 '분노'는 단지 부정적 정념이 아니라 "사건으로서의 정동", 즉 힘과 힘이 충돌하며 새 의미를 생성하는 존재의 순간적 긴장이다. 수필은 바로 이 정동의 역학을 세밀히 추적한다.
　작가는 한국인의 표정 속에 스며든 '무표정한 분노'를 포착하며, "불만에 가득 찬 듯, 화가 잔뜩 난 얼굴"이라 묘사한다. 이것은 사회적 피로가 감정으로 굳어진 일종의 '신체적 기호'다.

분노의 화약고. '내로남불'과 '때문'이란 질병 아닌 질병이 만연하고 있다. 이 병은 만성적이고 고질적이라 좀체 치유되지 않는다. 마땅한 약도 없을 뿐 아니라 설령 치유가 된다 하여도 일시적일 뿐 재발이 잦다. 사사건건 남 탓이다. 분노의 화약고는 호시탐탐 기회를 노린다. 때와 장소와 대상을 불문한다. 비열한 분노는 저보다 약한 곳을 찾는다. 힘없는 자를 짓밟는다. 얼마 전 힘겹게 살아가던 소녀 가장의 꿈이 무참히 깨어졌다. 밤늦도록 일하고 귀가하던 소녀는 불같은 분노의 희생양이 되어야 했다. 그러고도 범죄자는 후회와 용서 대신 자신을 냉대하는 사회를 탓하기에 급급하였다.

— <분노는 분노를 낳고> 중에서

　　들뢰즈는 『감각의 논리』에서 감정이 몸의 표면에 새겨진 힘의 흔적이라고 했다. 따라서 이 수필에서의 분노는 단순한 심리 상태가 아니라, 신체에 기록된 사회적 사건이다. '찌푸린 얼굴', '일그러진 마음'은 곧 우리 시대가 감당하지 못한 사건의 징후로서 읽힌다. 글은 개인적 일화로 내려가면서 '분노의 희생양'을 통해 그 폭력의 현실을 드러낸다. 무차별적 폭력, 일면식 없는 타자에 대한 공격, 이것은 분노가 더 이상 윤리적 경계를 지니지 못한 채 무목적적 힘으로 변한 상태다. 들뢰즈의 용어로 말하면, 분노는 더 이상 관계를 생성하지 못하고 자기 반복적 운동에 갇힌 것이다. 이때 작가는 한 문장으로 그 현상의 본질을 요약한다. "비열한 분노는 저보다 약한 곳을 찾는다."라는 이 통찰은 사회적 구조의 비대칭성과 감정의 계보학을 직시한다. 분노는 권력의 위계 속에서 약자에게로 흐른다. 즉, 분노의 운동은 단지 '심리적'이 아니라 '정치적'이다.

이어 작가는 민족적 정서의 층위로 사고를 확장한다. "쌓인 한이 분이 되다."라는 단락은 수필 전체의 철학적 중핵이다. 들뢰즈적 관점에서 '한恨'은 잠재성의 덩어리이며, 아직 현실화되지 못한 사건의 가능태다. 그것이 억눌린 채 축적되면, 언젠가 '분노'라는 형태로 폭발한다. 이 글은 그 '잠재의 폭발'을 민족사적 차원에서 사유한다. 따라서 「분노는 분노를 낳고」는 개인의 일기가 아니라, 역사적 정동의 민속지로 읽힐 수 있다. 흥미로운 것은 작가가 분노를 '명치에 맺힌 돌덩이'로 형상화하는 대목이다. 이비유는 신체의 철학과 맞닿아 있다. 들뢰즈와 가타리는 몸을 "기관 없는 신체"라 부른다. 억눌린 정념은 기관화되어 신체를 경직시키고, 흐름을 막는다. 명치의 돌덩이는 바로 그 경직의 상징이다. 수련사가 "화는 마음의 찌꺼기라 비워내야 한다"고 말하는 순간, 수필은 영적 수련의 기록을 넘어, 존재의 탈기관화를 실험하는 철학적 에세이로 확장된다.

결말부에서 작가는 세네카의 『화에 대하여』를 인용하며, 분노의 보편성과 시대 초월적 문제성을 환기한다. 하지만 이 수필의 결정적 사유는 마지막 단락에 있다. "알랭 드 보통은 '분노의 뿌리는 희망'이라고 역설하였다." 이 인용을 통해 작가는 분노를 다시 '희망의 사건'으로 되돌린다. 들뢰즈식으로 말하면, 그것은 '생성의 윤리'로서의 분노다. 파괴적 정념이 아니라, 새로운 윤리적 배치를 가능케 하는 긍정적 힘. 수필의 제목 「분노는 분노를 낳고」는 바로 이 전환의 가능성을 품고 있다. 뿌리란 단지 고착의 은유가 아니라, 리좀처럼 사방으로 뻗어나가는 생명의 잠재적 시작점이다. 이 글은 결국 묻는다. "나의 분노는 어떤 본색을 지니고 있을지." 이 자기 질문에서 수필은 완결된다. 들뢰즈의 말처럼, 사유는 언제나 자기 내면의 미세한 분열에서 출발한다. 그 분열의 순간, 인간은 타자와 연결되고, 윤리는 열린다. 작가의 마지막 사유, "내 분노의 진원지가 어디인지 그 뿌리를 들추어 보아야겠다"는 바로 그 '열림의 윤리'의 문턱이다.

따라서 <분노는 분노를 낳고>는 감정의 사회학을 넘어, 존재의 사건론적 윤리학으로 읽혀야 한다. 그것은 분노를 다스리는 글이 아니라, 분노를 통해 세계와 다시 관계 맺는 글이다. 분노를 억누르거나 도덕화하지 않고, 그 안에서 새 윤리의 가능성을 찾아내는 이 수필의 태도는 들뢰즈가 말한 '내재의 평면' 위에서 작동하는, 살아 있는 사유의 실천이다.

공갈빵은 텅 비어 있다. 그러나 그 '비어 있음'이야말로 이 수필의 본질이자, 존재의 비유다. 작가의 수필 <공갈빵>은 가벼운 일상의 소재를 빌려, 인간의 삶이 지닌 공허와 충만, 무와 유의 순환을 사유한다. 들뢰즈적 언어로 말하자면, 이 수필은 '무無의 생성', 즉 아무것도 아닌 것 속에서 세계가 다시 태어나는 과정을 탐색하는 사건의 기록이다. 수필의 발단부는 유머러스하다. "공갈이 부끄럽지 않다. 외려 자랑스러워하는 것 같다." 이 도입부의 역설적 진술은 이미 철학적이다. 공갈, 즉 '속이 비어 있음'을 수치가 아닌 자긍으로 뒤집는 순간, 작가는 기존의 가치 질서를 전복한다. 이는 들뢰즈가 말한 '탈코드화의 시작'이다. 공갈빵은 '내용 없는 형식'이 아니라, 비어 있음으로써 '형태를 가능하게 하는 공간'이다. 텅 빈 속이 있기에 바삭한 껍질이 존재한다. '무'가 '유'를 가능케 한다는 이 수필의 핵심 명제는, 존재론적 역설의 미학으로 작동한다.

작가는 곧 공갈빵을 '중년의 여성'에 대한 은유로 확장한다. "행주치마에 손을 훔친 여인들이 진한 에스프레소 향을 따라 줄지어 섰다." 이 장면은 들뢰즈적 의미의 '사건의 장場'이다. 카페의 공간은 단순한 일상의 무대가 아니라, 각기 다른 존재들이 만나 자기의 내면을 발화하는 '생성의 평면'이다. 이 여인들은 허세 섞인 수다로 하루를 견디지만, 그 수다는 공허를 메우려는 몸의 언어다. "모성은 텅 빈 속이 부끄럽지 않다"는 대목은, '비어 있음의 윤리'를 드러내는 결정적 문장이다. 이 수필의 가장 깊은 층위는 "무와 유"의 사유에서 펼쳐진다. 작가는 말한다. "무와 유는 우주계의 음과 양처럼 서로를 떠나 존재할 수 없는 절대적 관계일 터이다." 이 문장은 들뢰즈 철학의 중심 명제, "존재는 차이의 반복이다"를 떠올리게 한다. '무'는 단순한 결핍이 아니라, 다른 형태의 '유'를 생성하는 차이의 잠재성이다. 즉, 무는 결여가 아니라 생성의 가능성이다.

공갈빵의 공허는 결핍의 공간이 아니라, 새로운 감각과 의미가 발아하는 내면의 토양이다. 그리하여 작가는 선언한다. "삶에서 아무것도 아니라고 치부하던 것들이 내 일생의 가장 의미롭고 유용한 일일지도 모른다." 이 순간, 공갈빵은 더 이상 음식이 아니다. 그것은 존재론적 은유, 즉 인간이 자기의 공허를 통해 다시 충만으로 나아가는 '사건의 과정'이 된다. 결말부로 가며, 작가는 '무의 반란'을 외친다. "알맹이가 쏙 빠진 껍데기의 반란이다." 이 표현은 들뢰즈의 '리좀적 반란'을 연상시킨다. 껍데기, 주변, 하찮은 것들이 중심을 교란하는 순간, 세계는 새롭게 짜인다. 들뢰즈와 가타리는 '사소한 것들의 혁명'을 리좀이라 불렀다. 작가의 '무의 반란'은 바로 그 리좀적 사건의 문학적 버전이다. 이 수필의 결말은 '무의 희망'으로 열린다.

무는 희망의 공란. '무'란 무한한 가능성을 내포한 희망의 공란이 아닌가. 무는 아직도 빵빵한 꿈에 부풀어 있다. 무는 유를 도움 발 삼아 시간의 벽을 훌쩍 뛰어넘는다. 공갈빵의 여백이 아삭거린다. 공백의 반란이 시작되었다.

바야흐로 무들의 시대가 도래하였다.

― <공갈빵> 중에서

　"무는 유를 도움 발 삼아 시간의 벽을 훌쩍 뛰어넘는다. 공갈빵의 여백이 아삭거린다. 공백의 반란이 시작되었다." 이 문장들은 단순한 수사 이상의 울림을 지닌다. 그것은 들뢰즈의 존재론적 윤리, "생성으로서의 삶, 반복으로서의 희망"의 문학적 구현이다. 작가는 비어 있음 속에서 가능성을 듣고, 결핍 속에서 감각의 새로운 리듬을 찾아낸다. 결국 「공갈빵」은 공허의 찬가다. 그러나 그 공허는 절망의 허공이 아니라, 창조의 여백이다. '무'의 공간을 통해 새로운 '유'를 낳는 이 사유는, 들뢰즈가 말한 '열림의 윤리'와 정확히 맞닿는다. 텅 빈 속을 부끄러워하지 않는 자, 결핍을 받아들이며 그것으로부터 다시 생성하는 자 ― 그가 바로 새로운 존재의 주체다. 바야흐로 '무들의 시대'가 도래했다는 작가의 마지막 선언은, 인간 존재의 새로운 가능성에 대한 시적·철학적 예언이다. 공갈빵은 더 이상 속 빈 허물의 은유가 아니다. 그것은 생성의 사건, 공허를 품은 존재의 노래다.

　<공갈빵>은 일상의 소소한 사물을 매개로 '무'와 '유'의 관계를 사유화한 작품이다. 겉은 바삭하고 속은 비어 있는 공갈빵의 존재론적 비유는, 들뢰즈가 말한 '사건의 장場'과 닮아 있다. 들뢰즈에게 사건은 실체 이전의 비어 있음, 잠재적 가능성의 장이다.

작가는 바로 이 '텅 빔'을 수치나 결핍으로 보지 않는다. 오히려 생의 생성적 간극, 다시 말해 의미가 솟아오르는 '차이의 틈새'로 읽어낸다. 공갈빵의 '속 빈 강정'은 얄팍한 허세의 상징이 아니라, 오히려 삶의 역설적 충만을 드러내는 장치로 변환된다. "무는 희망의 공란"이라는 문장은 들뢰즈의 "무한히 생성하는 평면"을 수필적 언어로 구현한 결정적 문장이다. 생의 공허 속에서도 의미를 생산하려는 여인들의 '수다'는, 들뢰즈적 의미에서 사건으로서의 언어 행위다. 그것은 단순한 말이 아니라 삶을 지탱하는 생성의 리듬이다. 결국 <공갈빵>의 핵심은 '무'의 긍정이다. 텅 빈 내부는 결핍이 아니라 창조의 여백이며, 작가는 이를 통해 존재의 윤리를 '열림'의 태도로 변환한다. 들뢰즈가 말한 "되기"의 운동처럼, '무'는 닫힌 부정이 아니라 유를 낳는 운동성 그 자체로 승화된다.

이어지는 <이면을 읽다>는 인간의 감각적 한계를 넘어서는 '감응의 철학'을 탐색한다. 표면의 현상보다 내면의 진실, 다시 말해 사건의 심층을 읽어내는 시선이 중심 주제다. 여기서 작가는 들뢰즈의 '표면 사건의 철학'을 일상의 윤리로 전환한다. 가수의 화려한 무대 뒤 땀과 눈물, 성공한 기업가의 굳은 살 박힌 손, 조울증 환자의 이면에 숨어 있던 죽음의 그림자, 이 모든 서사는 감각의 전도, 즉 보이는 것 너머의 '느낌의 세계'를 드러낸다. "눈은 속여도 손은 거짓을 말하지 않는다"는 문장은 들뢰즈의 '비언어적 감응' 개념을 일상의 실천으로 옮겨놓은 인식이다. 이 수필의 중요한 미덕은 '이면 읽기'를 도덕적 판단이 아니라 관계적 이해의 윤리로 제시한다는 점이다. '보고 있어도 보고 싶은 마음'은 들뢰즈가 말한 타자—되기의 윤리적 표현이다. 꽃보다 꽃그늘을 보는 시선, 웃음 속 눈물을 감지하는 감응은, 결국 존재를 닫힌 정체성으로 보지 않고 끊임없이 차이 속에서 생성되는 사건적 존재로 보는 열린 인식이다.

> 이면을 읽다. 언제부턴가 나는 직접 보고 듣고 만지고 맡는 일차적인 감각보다 오감과 육감을 뛰어넘는, 감각 너머의 의미를 읽으려 한다. 나이만큼의 연륜과 경험 때문인가. 감지할 수 없는, 가녀린 촉수의 흔들림에 마음 끌린다. 백 마디 말보다 따스한 눈길에 마음이 간다. 언어의 주파수보다 비언어가 주는 고요와 정적에 쏠리고 있다. 특히 그중에도 나는 손에 대하여 지나치리만큼 각별하다. 손을 과신한 나머지 한때 이율배반적 결과에 실망한 적도 있었지만 아직도 나는 손이 지어내는 그 모든 것들을 허투루 여기지 않는다.
> — <이면을 읽다> 중에서

두 작품은 공통적으로 '사건적 글쓰기'의 특성을 보인다. 들뢰즈에게 사건은 주체가 아니라 관계 속에서 발생하는 비실체적 생성이다. <공갈빵>의 '무'는 '유'를 향해 나아가는 잠재적 사건이고, <이면을 읽다>의 '감응'은 타자와 세계를 새롭게 연결하는 관계적 사건이다. 즉 이 수필들은 단지 체험의 회상이 아니라, 체험이 생성되는 과정 그 자체를 쓰는 글쓰기다. '무'와 '이면'이라는 주제는 고정된 실체가 아니라, 의미가 일어나는 운동적 현장으로 제시된다. 그리하여 두 글은 들뢰즈의 존재론을 생활의 층위로 옮긴 철학적 산문으로 읽힌다. 이 두 편의 수필은 서로를 거울처럼 비춘다. 하나는 무의 여백에서 삶의 유를 긍정하고, 다른 하나는 감각의 표면에서 내면의 진실을 발견한다. 두 세계 모두 '열림'의 방향으로 수렴된다. 들뢰즈적 의미에서 '열림'이란 단순히 수용이나 포용이 아니라, 타자·사건·시간에 스스로를 내어주는 존재의 윤리적 태도다. <공갈빵>의 여인은 공허를, <이면을 읽다>의 화자는 타인의 내면을 통해 그러한 열림을 실천한다. 결국 이 수필들은 우리에게 묻는다. "무와 유의 경계, 표면과 이면의 경계를 넘는 그 순간, 거기서 우리는 어떻게 다시 태어나는가." 그 질문이야말로 들뢰즈의 사건이 오늘의 수필로 되살아나는 자리다.

 이 수필 <마음의 소리>는 청력의 상실을 매개로 하여 '소통'과 '사랑'의 본질을 탐색하는 철학적이고 서정적인 글이다. 표면적으로는 노모와 아들의 갈등을 다루지만, 그 이면에는 들리지 않음과 들으려 하지 않음이라는 이중의 단절 구조가 교차한다. 작가는 '귀의 난청'을 단순한 생리적 결함이 아니라, 인간관계의 윤리적 감각이 무뎌지는 은유로 확장한다. 따라서 이 글은 노년의 현실적 고통을 다루는 동시에, 관계적 존재로서의 인간이 얼마나 섬세한 '감응'의 구조 속에 놓여 있는지를 보여주는 철학적 수필이다. 수필의 발단부는 갈등의 무의미함을 서술하면서, "듣지 못하는 자와 듣지 않으려는 자의 다툼"이라는 결정적 문장으로 작품의 주제를 압축한다. 이 대립 구조는 단순히 노모와 아들의 불화가 아니라, 인간 일반의 소통 불능 상태를 비추는 사건이다. 들뢰즈적 의미에서 본다면, 여기서의 '난청'은 단지 결여의 상태가 아니라 새로운 '사건(event)'의 장을 연다. 그것은 감각의 차이, 리듬의 어긋남 속에서 발생하는 '차이의 생성'이다. 듣지 못하는 자의 세계와 듣지 않으려는 자의 세계가 부딪히는 순간, 그들 사이에는 새로운 감각적 윤리가 출현한다. 작가는 이를 "마음의 주파수를 맞추어라"라는 문장으로 상징화한다. 즉, 청각적 소통이 불가능할수록 마음의 감응이 더욱 중요해지는 역설을 제시하는 것이다.

아들이여, 구순 노모에게 있어 당신은 어린 철부지일 뿐이다. 큰소리로 귀를 아프게 하기보다 깃털 같은 음성으로 어머니의 마음을 진동시키어 봄이 어떠한가. 아주 오래전 당신에게 하였던 것처럼 숨결이 느껴질 만큼의 거리에서 눈동자를 맞추어가며 두서없는 이야기라도 맞장구치며 들어봄이 어떠할지. 난청에 들어 마음마저 멀어질까 두려운 노모의 떨리는 가슴을 살포

시 안아주는 것은 또 어떠하겠나. 어미와 자식은 본디 말이 필
요 없는 한 몸 아니던가.

- <마음의 소리> 중에서

전개부에서 어머니의 과거, 난청으로 세상과 단절된 여동생의
이야기는 개인의 경험을 존재론적 차원으로 확장한다. '섬의 이
미지'는 들리지 않음의 고립을 시각적으로 형상화하는 동시에,
인간이 필연적으로 맞닥뜨리는 존재의 외로움을 은유한다. 그러
나 작가는 이 고립을 부정적 체험으로만 두지 않는다. "잃음으로
얻어지는 게 삶의 순리"라는 통찰은, 감각의 결여 속에서 새로운
감각의 윤리가 생겨난다는 역설적 인식이다. 이는 들뢰즈의 '감
각의 윤리', 즉 결핍이 아니라 차이를 긍정하는 생성의 철학과도
상응한다. 결말부에서 수필은 철학적 사유에서 서정적 어조로 전
환된다. 자연의 침묵과 어머니의 침묵은 하나로 포개지며, '침묵
의 소리'를 듣는 존재의 자세가 강조된다. 이는 단순한 효孝의 윤
리를 넘어, 타자를 감각적으로 수용하는 존재론적 윤리, '열림의
윤리'를 드러낸다.

마지막에 이르러 "어미와 자식은 본디 말이 필요 없는 한 몸"
이라는 문장은, 언어 이전의 감응적 소통을 회복하자는 선언처럼
울린다. 결국 「마음의 소리」는 '듣기'라는 생리적 행위를 '존재
의 감응'으로 확장한 철학적 수필이다. 작가는 청력의 쇠퇴 속에

서도 감각의 확장을, 언어의 실패 속에서도 마음의 공명을 발견한다. 이 작품은 들리지 않음의 비극을 넘어, '들을 수 없음'이 아니라 '들으려 함' 속에서 새롭게 태어나는 윤리적 사건을 보여준다. 즉, 난청은 폐쇄가 아니라 열림의 다른 형태이며, 타자를 향한 섬세한 주파수의 조율로서의 사랑이 가능함을, 이 수필은 조용하지만 단단하게 증언하고 있다.

수필 <꿈꾸는 파랑새>는 '행복'의 실체를 향한 탐색을 주제로 삼으면서, 물질적 풍요와 결핍의 대비 속에서 '진정한 삶의 가치'를 들려주는 철학적 서정 수필이다. 작가는 '파랑새'라는 상징을 통해 행복을 바깥에서 찾는 인간의 망상적 추구를 비판하면서, '내 곁에서, 내가 누군가에게 되어주는 행복'이라는 관계적 진리를 발견해 나간다. 따라서 이 글은 들뢰즈적 사건으로서의 '행복의 재구성', 즉 욕망의 탈영토화와 감응의 윤리로 확장해 읽을 수 있다. 수필의 발단부에서 "파랑새는 어디쯤 있을까"라는 물음은 전형적인 탐색의 모티프이자, 부재 속에서 행복을 상상하려는 인간의 원초적 욕망을 드러낸다. 그러나 우연히 마주친 한 노인의 "이런 아파트에서 살아보는 게 제 꿈이었다"는 고백은 화자의 시선을 전복시킨다. 불만의 공간이 누군가에겐 꿈의 장소라는 역설적 깨달음은, 들뢰즈가 말한 '사건' 즉 사소한 만남 속에서 세계의 감각 질서가 재배치되는 순간으로 작용한다.

이 사건 이후 화자는 공간의 협소함보다 존재의 충만함을 바라보게 된다. 즉, 행복의 척도를 외부의 기준에서 내부의 감응으로 이동시키는 인식의 탈코드화 과정이 진행된다. 작품 전개부는 '요양병원 간병인'으로 살아가는 노인의 삶을 통해, '행복의 다른 얼굴'을 보여준다. 타인의 고통을 돌보며 "그토록 찾으려 하던 우리의 파랑새였다"라는 깨달음에 이르는 이 대목에서, 행복은 더 이상 소유의 결과가 아니라 관계 속에서 생성되는 과정으로 변모한다. 이때의 '파랑새'는 들뢰즈의 '되기' 개념으로 해석할 수 있다. 즉, 그는 더 이상 특정한 정체성을 가진 실체가 아니라, 타자의 아픔과 공명하며 끊임없이 '되어가는' 존재이다. 간병인으로서의 그는 '되기-타자', '되기-새'의 실천을 수행한다. 남을 돌보는 그 행위 자체가 자기 초월의 사건이며, 그가 곧 '파랑새'가 되는 순간이다.

새는 날개를 접지 않는다. 지치면 잠시 쉬었다 갈 뿐 오래도록 머무는 새는 없으리. 바람을 타고 먹구름을 헤쳐가며 세상을 향해 부단히 손짓하고 있을 행복의 파랑새, 은빛 날개를 반짝이며 창공에 푸른 꿈을 펼쳐 보인다. 내려다보는 새는 언제나 행복하다. "행복하기 위해선 좀 더 낮은 곳을 보라."라고 하지 않았나. 높이 나는 새가 부러운 나머지 하늘만 올려보다 바닥에 곤두박질치는 어리석은 새는 되지 말아야지.

― <꿈꾸는 파랑새> 중에서

결말부로 갈수록 수필은 서정적 사유의 비상을 이룬다. "바람이 거칠수록 두 날개를 펄럭이며 더 높이 날아오르는 새"라는 구절은, 행복을 고정된 상태가 아닌 지속적인 생성과 운동으로 바라보는 역동적 인식으로 이어진다. 이 새는 들뢰즈가 『천의 고원』에서 말한 '탈주선'의 은유로 읽힌다. 고통과 불안의 영토로부터 벗어나, 타인을 향해 열려 있는 감각의 경로를 확장하는 존재다. 작가는 이 비상의 윤리를 통해 "도움이 필요한 곳으로 손 내밀 수 있다는 것만으로 누군가의 파랑새가 되는 것"이라 말한다. 즉, 행복은 주어지는 것이 아니라 타자를 향한 열림의 행위로서 만들어지는 윤리적 사건임을 선언한다.

　마지막 문장 "당신은 무한 창공에 유구한 꿈의 씨앗을 뿌리는, 파랑의 꿈을 지어가는 우리의 파랑새다"는, 개인적 체험을 보편적 존재론으로 승화시킨다. '파랑'은 단순한 색채가 아니라, 무한과 초월을 향한 감각의 파동이다. 이 수필은 "행복은 멀리 있는 것이 아니라, 관계의 진동 속에서 들리는 청아한 주파수"임을 깨닫게 한다. <꿈꾸는 파랑새>는 윤리적 감각과 철학적 성찰이 어우러진 수필, 즉 '열림의 윤리'가 구현된 한 편의 서정적 존재론이다. 작가는 행복을 '찾는 것'이 아니라 '되어주는 것'으로 새롭게 정의한다. 들뢰즈적 관점에서 본다면, 이는 욕망의 재영토화가 아니라 생성의 윤리로서의 행복, 타자와의 감응 속에서 끊임없이 새로이 날아오르는 '파랑의 사건'이다.

<이웃이 사라지다>는 전통적 공동체의 정과 현대 도시문명의 단절을 대비시켜, 관계의 윤리와 공간의 감각이 어떻게 상실되어 가는가를 섬세하게 그려낸 수필이다. 도시의 수직적 성장과 더불어 우리의 삶은 점점 더 고립된 방들 속으로 갇혀 들어가고 있다. 조경숙의 수필 <이웃이 사라지다>는 이 도시적 고립의 풍경을 따뜻한 회고의 시선으로 풀어내며, '닫힘의 윤리'에서 '열림의 윤리'로 나아가야 한다는 윤리적 전환을 모색한다. 수필은 개인의 '귀향'이라는 구체적 사건에서 출발하지만, 그 이면에는 현대적 소통의 단절과 인간관계의 소멸에 대한 깊은 성찰이 깃들어 있다. 이 작품은 들뢰즈적 의미에서 '사건의 철학'을 실감나게 보여준다. 수필 속 화자는 추억의 공간으로 '귀환'하지만, 그곳에서 맞닥뜨린 것은 과거의 회복이 아니라, 이미 달라져버린 세계의 낯섦이다. 초인종을 눌러도 응답하지 않는 이웃, 지문인식과 경비 초소로 둘러싸인 주거지, 이 풍경은 '이웃의 실종'이라는 사건을 넘어, 인간의 존재방식 자체가 변화한 사태로 읽힌다.

　　철통같은 문. 도시의 벽은 높아간다. 함부로 다가설 수 없는 이웃이다. 우리 아파트만 하더라도 정문 입구에서 일차 검문을 한다. 붉은 봉을 든 보안요원이 방문 이유와 세대주와의 관계와 머무를 시간까지 일일이 체크한다. 왠지 조사를 당하는 기분이 들 정도다. 동마다 철통 방어다. 지문인식 키가 첫째 관문이다. 허가가 떨어져 무사통과하더라도 처음 발을 들인 사람들은 거

미줄 같은 미로를 헤매기 일쑤다. 같은 길을 돌고 돌다 맥이 빠질 즈음에야 제 번지수를 찾는다. 아파트는 무차별적 공격과 테러를 막으려는 듯 곳곳에 초소와 전문 경비병을 두고 있다. 근접할 수 없는 불가침 구역이다. 초고속 엘리베이터는 해가 지나도록 바로 옆 이웃도 낯설게 한다. 같은 아파트에 거주해도 얼굴 보기는 별 따기다. 감나무골의 얼기설기 키 작은 싸리문은 전설 속 이야기다.

— <이웃이 사라지다> 중에서

수필의 전개부에서 화자는 "문과 문이 열리고 발길과 발길이 오가던 시절"을 회상하며, 이웃의 정을 '살아있는 관계망'으로 그린다. 그것은 단순한 향수의 진술이 아니다. '문턱이 닳도록 드나들던 이웃'은 신체적 접촉과 정서적 교류 속에서 '사건으로서의 관계'를 형성했다. 그러나 지금의 도시공간에서는 그 관계가 지문인식기와 보안요원에 의해 통제되는 통과의례로 대체된다. 이는 공간이 '보안'이라는 기계적 코드로만 작동하게 된 현대사회의 기표적 변환이며, 결과적으로 타자를 맞이할 수 없는 구조적 닫힘을 드러낸다. 결말부의 묘사는 이 단절의 윤리에 대한 마지막 저항처럼 다가온다. 아이들의 "함박꽃잎 같은 웃음"은 일시적이지만 강렬한 '열림의 사건'이다. 어른들의 계산된 거리두기와 달리, 아이들은 즉흥적 우정과 놀이의 리듬 속에서 다시 이웃을 복원한다.

조경숙의 문장은 이 순간을 통해 묻는다. "조금 손해 보고 조금 양보하면 더 좋은 세상이 오게 될 것이라는 걸 미래의 꿈나무는 알고 있는 것인가.", 이는 단지 도덕적 훈계가 아니라, 존재론적 윤리의 제안이다. '나'와 '타자'의 관계를 다시 배치함으로써만 공동체의 감각이 회복될 수 있음을 시사하는 것이다. <이웃이 사라지다>는 회한의 기록이 아니라 사건의 가능성에 대한 철학적 기록이다. 폐쇄된 도시의 문턱에서, 화자는 여전히 열림의 징후를 발견한다. 사라진 이웃을 다시 불러내는 일, 그것은 단지 추억의 복원이 아니라 타자에게 다시 손을 내미는 윤리적 실천의 회복이다.

<대마도에 태극기를 올리다>는 단순한 여행수필이 아니라, 역사와 화해, 민족의식과 세계시민성의 경계를 오가는 철학적 사유의 여정을 품고 있다. 이 수필은 여행의 기록을 빌려 쓴 역사적 화해의 드라마이자, 근대적 폭력 이후 새롭게 구성되는 문화적 사건의 윤리학이다. 대마도를 향한 짧은 여정 속에서 작가는 단순히 '이웃 나라 방문기'를 쓰는 것이 아니라, 가해와 피해의 기억이 뒤섞인 장소에서 새로운 의미의 공존을 발견하는 장면을 펼쳐낸다. 대마도는 일본의 영토이지만, 지리적으로는 한반도와 더 가깝다. 바로 이 '모호한 경계'가 글의 철학적 무대가 된다. 들뢰즈의 말대로, 사건은 경계에서 일어난다. 고정된 정체성이 흔들리는 그 접촉의 순간, 의미는 다시 생성된다.

작가가 "가깝지만 가까이 여겨지지 않은 섬"이라 말할 때, 그
는 물리적 거리보다 마음의 거리, 즉 타자와의 '사이'에 놓인 긴
장을 가리킨다. 그리고 그 거리를 가로지르는 항해 자체가 이미
하나의 사건이다. 히타카츠항의 고요한 풍경, "낙엽 태우는 냄새
와 사람 사는 냄새"의 친근한 감각은 과거의 적대적 이미지를 지
워버린다. 그러나 작가는 그 평화 속에서도 역사의 그림자를 결
코 잊지 않는다. 왜구의 본거지였던 땅, 신사 앞에 드리운 불안의
기운, 그리고『국화와 칼』의 인용으로 드러난 일본의 양면적 민
족성. 이 모든 서술은 타자에 대한 비판이 아니라, 타자 이해의
깊이를 확보하기 위한 성찰의 과정이다. 그가 일본을 단순한 '가
해자'가 아니라, 불안과 위기의식 속에 신에게 매달리는 인간으
로 바라보는 대목에서, 수필은 윤리적 성숙의 지점에 이른다.

　　역사는 흐른다. 고이지 않는다. 고이지 않고 흘러야 하는 게
어디 강뿐이겠는가. 살아 있는 것은 살기 위하여 좀 더 나은 세
대를 위하여 끊임없이 흘러야 할 것이라. 우리는 이제 결속의
우방이고 헤어질 수 없는 막역한 친구가 되었다. 지금 대마도는
한국인들로 문전성시를 이룬다. 한산한 거리는 관광객들로 활
기를 되찾고 있다. 대마도인의 생계를 한국이 도맡고 있는 셈이
다. 한때 우리에게 총칼을 겨누며 침공의 야욕을 불태웠던 이곳
을 우리가 먹여 살리고 있는 아이러니한 현상이라니. 일본은 우
리 선인의 울분과 격노와 한과 애통함과 서러움이 묻어있는 피

와 눈물의 땅이다. 역사의 얼룩은 골수에 새겨져 무엇으로도 지워지지 않을 테다. 하지만 누군가 말하지 않았나. "용서는 하되 잊지는 말자."라고. 실패와 좌절을 도약의 발판으로 삼은 슬기의 민족혼이 우리에게 강과 같이 흐르고 있다.

— <대마도에 태극기를 올리다> 중에서

글의 결말부는 전환의 리듬으로 전개된다. "역사는 흐른다. 고이지 않는다."라는 문장은 이 작품의 핵심적 사유이다. 이는 과거의 응어리를 해소하는 '시간의 사건'이자, 들뢰즈적 의미에서의 '흐름의 존재론'을 보여준다. 역사는 멈춰서서 응보를 논하는 것이 아니라, 계속 흘러야 하는 생명이다. 그래서 작가는 피와 한의 기억 위에 '문화의 깃발'을 세운다. 그것은 무력의 복수가 아니라 예술과 공감으로 수행되는 화해의 윤리이다. "한국의 대학생들이 대마도 해변의 쓰레기를 치우는 장면"은 그 윤리의 상징적 구현이다. 이는 타자에 대한 연민의 실천이자, 들뢰즈가 말한 '사건의 생성', 즉 기존 질서를 흔들고 새로운 관계를 창조하는 순간으로 읽힌다. 그 청년들의 손길이 바로 대마도에 휘날리는 '윤리적 태극기'이다.

마지막 장면에서 "아리랑"을 부르는 화자는 역사적 상처의 자리에서 예술적 공명을 일으킨다. 태극기는 더 이상 피로 세운 깃발이 아니라, 화해와 평화의 상징으로 변모한다. 그것은 '국가의 상징'이 아니라 '영혼의 진동'으로, 들뢰즈의 언어로 말하자면 '정동의 사건'이다.

<대마도에 태극기를 올리다>는 결국 '닫힌 역사'를 여는 글쓰기다. 과거의 상처를 되풀이하지 않으면서도 잊지 않는 기억의 윤리, 적대의 공간을 교류의 장으로 바꾸는 사건의 힘, 이 수필은 그 철학적 전환을 조용히 증명한다. 대마도에 펄럭이는 태극기는, 국가주의의 상징이 아니라, 인류적 공감의 깃발, 곧 열림의 윤리를 상징하는 사건 그 자체다.

Ⅲ. 사건의 존재론에서 윤리의 문학으로

결국 조경숙의 수필은 각각의 독립된 서사이면서도, 동시에 하나의 거대한 연속적 변주의 구조를 이룬다. <벽을 허물다>에서 시작된 열림의 움직임은 <대마도에 태극기를 올리다>에 이르러 개인의 경험을 넘어 역사적 윤리의 차원으로 확장된다. 이 작품에서의 '태극기'는 단순한 국가적 상징이 아니라, 과거의 상처와 현재의 화해가 교차하는 '사건의 장'이다. 그 순간 작가는 개인적 기억을 넘어 세계와 다시 관계 맺는 존재로 변모하며, 들뢰즈가 말한 "존재의 외재성"을 체현한다. 조경숙은 문명이 인류를 파괴하는 동인이라는 것을 알고, 존재의 근원에 대한 인식을 바탕으로 작품을 쓰는 작가다.

 따라서 조경숙의 수필은 단순한 감성의 산물이 아니라, 존재가 스스로를 새로 쓰는 철학적 글쓰기이다. 그는 삶의 벽을 허물고, 골목의 숨결을 듣고, 분노의 근원을 탐사하며, 공허한 빵 속에서도 의미를 찾는다. 그리고 마침내 타자와 역사, 인간과 세계가 다시 관계 맺는 자리를 마련한다. 그 과정은 문학이 감성의 기록을 넘어, 세계를 다시 '열어젖히는 윤리적 행위'가 될 수 있음을 증명한다. 비인간적인 것들의 발호에 대한 날카로운 저항과 열림의 미학을 통해 더 나은 사회를 향해 열림의 사유를 주창하며 인본적 태도를 지양하면서 더불어 사는 자세를 가진 작가다. 들뢰즈가 말했듯, 사건은 언제나 새로운 세계를 만든다. 조경숙 수필은 바로 그 세계의 문을 여는 '조용한 사건들'로서 우리 앞에 놓여 있다.